Ing. Heinz Stainer

Weinwunder Burgenland

Vom Glykolwein zum Weltmeister

Gendergerechte Sprache:
Sehr geehrte Leserinnen und Leser. Ich habe lange nachgedacht, ob ich dieses Buch in gendergerechter Weise formulieren soll. Schlussendlich habe ich mich dagegen entschieden. Hauptgrund dafür ist, dass in der Zeit meiner Berufstätigkeit Frauen nicht als Weinbäurinnen, Weinbetriebsleiterinnen,.... auftraten. Ich hatte fast ausschließlich mit den Herren zu tun. Frauen machten die Arbeit am Betrieb aber verhandelten meist nicht. Daher bitte ich um Verständnis, möchte aber die Arbeitskraft der Frauen damit nicht in Abrede stellen. Ohne die weiblichen Kräfte hätte der Weinbau kaum eine Chance gehabt.

Illustration: DI Brigitte Bürger
Umschlaggestaltung: Jürgen Steiner
Lektorat / Korrektorat: DI Brigitte Bürger und DI Renate Lorenz

Druck und Vertrieb im Auftrag der Autorin/des Autors:
Buchschmiede von Dataform Media GmbH
Julius-Raab-Straße 8
2203 Großebersdorf
Österreich

www.buchschmiede.at – Folge deinem Buchgefühl!
Kontaktadresse nach EU-Produktsicherheitsverordnung:
info@buchschmiede.at

ISBN:
978-3-99181-152-7 (Softcover)

Printed in Austria

Inhaltsverzeichnis

Vorwort

Die Weinkulturen prägen in vielen Regionen unseres Landes das Landschaftsbild. Ein Blick in die Geschichte bestätigt die reiche Tradition und die Bedeutung des Weinbaus für die wirtschaftliche Entwicklung. Auch in der Kultur und im Brauchtum kommt dies deutlich zum Ausdruck.

Einen Einblick in die jüngere Geschichte gibt uns Ing. Heinz Stainer in diesem Buch. Es ist dies ein persönlicher Rückblick über seine langjährige Tätigkeit als Weinbauberater in der Burgenländischen Landwirtschaftskammer. Mit fachmännischem Blick werden alle Höhen und Tiefen dokumentiert und kommentiert.

Während meiner Tätigkeit in der Landjugend und als junger Weinbauer lernte ich den Autor zu Beginn der 1960er Jahre kennen. Unvergesslich ist für mich, als er mir damals seinen besonderen Schatz - sein von ihm eingerichtetes kleines Labor - zeigte. Ein Raum mit damals bescheidenen Untersuchungsgeräten, vollgestellt mit Probeflaschen.

Später als Kammerrat, Weinbaufunktionär und Regierungsmitglied schätzte ich besonders seine klare Sprache. Bei den Ortsweinkosten, wo die Räumlichkeiten bis auf den letzten Platz gefüllt waren, sprach er Weinfehler offen an. Schon frühzeitig wies er darauf hin, dass nicht der Maximalertrag sondern möglichst ausgereifte Trauben im Mittelpunkt des Bemühens stehen sollten. „Siegendorfer Sonne" (Aufzuckerung) kann Qualität nicht ersetzen, war ein oft gesprochener Satz von ihm.

Rechtzeitig warnte er auch vor einer übermäßigen Ausweitung der Weinbauflächen und verurteilte rechtswidrige Auspflanzungen. Innerhalb von drei Jahrzehnten verdreifachte sich die Weinbaufläche im Burgenland beinahe: von 8.518 ha im Jahr 1950 auf 21.128 ha bis 1980. Der Weg in die Absatz- und Preiskatastrophe war vorprogrammiert. Überproduktion,

Preisverfall und Billigstangebote am Markt führten dann zum Desaster des Weinskandals 1985.

Das war eine Zäsur, die zu einem generellen Umdenken in der Weinwirtschaft führte. Im Mittelpunkt stand nicht mehr der Höchstertrag sondern das Bemühen um höchste Qualität. Ein Grundsatz, den Ing. Heinz Stainer bei seiner jahrzehntelangen Arbeit predigte. Eine junge, bestens ausgebildete Winzergeneration nützt das großartige natürliche Potential unserer Region und keltert hervorragende Weine, die international Anerkennung finden. Mit Hilfe der Ziel-1-Förderung konnten die Betriebe auch zukunftsweisende Investitionen in qualitätsfördernde Kellertechnik setzen. Gleichzeitig wurden Präsentationsräumlichkeiten geschaffen, die das Kulturgut Wein effektvoll in den Mittelpunkt rücken.

Die Erfolge, die unsere Winzer bei internationalen Verkostungen erzielen, zeigen: Die burgenländischen Winzer spielen heute in der Champions League. Der Autor hat mit seiner Beratungstätigkeit und mit seinen Bemühungen einen wichtigen Grundstein für diesen positiven Weg gelegt. Hochbetagt kann er sich über das „burgenländische Weinwunder" freuen.

Beruf war für ihn gleichzeitig Berufung. Seine lebenslange Verbundenheit mit dem Wein unterstreicht er mit der Herausgabe dieses Buches.

Landesrat a.D. Ök. Rat Paul Rittsteuer

Einleitung

Dieses Buch gibt Weinliebhabern Auskunft über beste, aktuelle Bezugsquellen im Burgenland, wie die BUH-Winzer zu Weltmeistern wurden und möchte außerdem...

- Einblicke in das vielfältige Leben eines Weinbauberaters geben,
- Ratgeber für den aktiven Weinbau sein und empfehlenswerte Tipps für die Weinbaupraxis geben,
- mit wertvollen, lebendigen Erfahrungswerten für Weinbau-Neuanfänger als Grundlage dienen, um die Vorentwicklungen des Weines zu verstehen,
- Ursachen beleuchten, die zum Weinskandal führten, sowie die wirksamen Maßnahmen, die aus dem Schlamassel herausgeführt haben.

Wie hat die Natur beigetragen, den Weinbau des Burgenlandes aus der Katastrophe 1985 herauszuholen?

- Selbstbefreiung des burgenländischen Weinbaus und der Weg zum Weinweltmeister
- die Geburt der Prädikatsweine im Seewinkel – was wäre wenn . . . .
- Übersicht über stürmische Zeiten in der Wein-Vergangenheit.
  Ein Zehnjahresrückblick – wie ein Neuanfang wertvolle Erkenntnisse im Weinbau brachte

Kreisky sagte schon zu Nichtwissenden „Lernen Sie Geschichte!" Ich sage in diesem Buch: „Lernen Sie Burgenländische Weingeschichte!" und lesen Sie dieses Buch.

Sie erhalten Hinweistipps für qualitativ hochwertige und preiswerte Bezugsquellen, Naturweinerzeuger sowie vorzügliche Anregungen für Weinurlaube.

Alles in Allem ist mein Buch eine anschauliche Auskunftsquelle für den Weinbau im Burgenland.

Liebe Leserinnen und Leser, es wäre möglich, dass Ihnen manche Passagen und Schilderungen des Jahresverlaufs etwas eintönig erscheinen mögen. Mehrmals eintretende Trockenperioden oder April-Fröste, besonders innerhalb von 10 Jahren, stellen jedoch eine große Herausforderung für die Winzer dar und können somit existenzbedrohend sein. Diese Ereignisse führten letztendlich zur Veränderung im Verhalten aktiv beteiligter Weinbauern. Weinbauliche Entwicklungen können so besser dokumentiert werden.

Eine Lebensbeschreibung

Ing. Heinz Stainer, geboren am 28. Jänner 1934 in Wien, mein Vater, Berufsoffizier, stammte aus Innsbruck. Sein Vater Heinrich, Oberst im 1. Weltkrieg, stammte aus Südtirol, wo heute noch Verwandte um Meran leben. Mutter Ottilie war Präsidentin des Roten Kreuzes, auf Grund ihrer zynischen Art „Rote Kreuzotter genannt". Die Kriegsereignisse nach 1938 haben meine Familie – ich hatte noch 3 Geschwister – quer durch halb Deutschland bis nach Schlesien geführt. Im Herbst 1944 übersiedelten wir aus dem Raum Brieg bei Breslau (heute Wroclav) in die Heimat nach Oggau am Neusiedlersee, wo unser Großvater mütterlicherseits eine „Villa" besaß. Zunächst war aber nach kurzer Zeit, eine Flucht vor den Russen nach Innsbruck, zu den Eltern des Vaters notwendig. Mein Vater musste allerdings gleich wieder in Berlin seinen Dienst antreten. Als im Mai der Krieg vorbei war, radelte er mit einem Fahrrad quer durch Deutschland über mehrere Wochen nach Innsbruck. Im Herbst desselben Jahres kamen wir endgültig nach Oggau. Das Haus war zwar von Russen besetzt, wir hatten aber wenigstens ein Dach über dem Kopf, wenn auch nur 2 Zimmer.

Nach der Pflichtschule und einem Jahr Handelsschule in Graz kam ich 1951 nach Klosterneuburg in die Höhere Bundeslehranstalt für Obst- und Weinbau, die ich 1953 mit der Matura abschließen konnte. Es folgten Lehrjahre in Deutschland und Innsbruck, bis ich als Kellermeister in Eisenstadt bei der Landeskellerei tätig wurde. Das Gebäude befand sich in der Rustertrasse 14, zu welcher der damalige Husarenstadl gegenüber gehörte, der zudem auch unterkellert war. Hier standen Weinpressen samt Dampfanlage für die Erhitzung der Rotweinmaische. Die Stelle wurde frei, weil der Kellereileiter, Ing. Michl, zum neu gegründeten Winzerverband am Rusterberg wechselte. Als der Betrieb 1960 schließen musste (nicht durch meine Schuld), war ich arbeitslos. 1961 ergriff ich die Chance, als Weinbauberater in den Dienst der

Burgenländischen Landwirtschaftskammer zu treten, zwar mit wesentlich bescheidenerem Gehalt, aber immerhin mit einer Festanstellung ab dem 1. April 1961. Im Herbst des gleichen Jahres wurde ich offiziell nach Neusiedl versetzt, wo ich für den Weinbau des ganzen Bezirkes zuständig war – ein bislang unbesetzter Posten. Mein neuer Lebensabschnitt startete mit meiner Hochzeit und der Gründung einer Familie im folgenden Jahr.

Meine Tätigkeit als Berater war außergewöhnlich vielfältig. Neben der persönlichen Beratung führte ich Weinuntersuchungen durch, erstellte Gutachten bei Beschädigungen von Weingärten, überwachte und begutachtete den Rebenverkehr, hielt Vorträge und verfasste Fachartikel im Mitteilungsblatt der Landwirtschaftskammer und vieles mehr.

Ab 1963 gelang es mir, einige Weinbauern des Bezirkes davon zu überzeugen, Beeren- und Trockenbeerenauslesen zu erzeugen – eine bis dahin im Seewinkel völlig unbekannte Weinkategorie. Das sollte die Weinlandschaft mit den Jahren gewaltig verändern. Privat wurde ich im Jahr 1963 Vater meiner ersten Tochter. 1969 begann ich in Eisenstadt mit dem Hausbau, in das ich 1971 mit meiner Familie einzog. In den ersten Jahren meiner Tätigkeit wurde ich auf die, in dieser Zeit im Seewinkel, entstandenen Flachgewölbekeller aus St. Margarethener Sandstein aufmerksam und beschloss, einen solchen in mein Haus einzubauen. 1970 kam meine zweite Tochter zur Welt und 1972 war die Familie mit unserer dritten Tochter komplett.

1969 erfolgte der Durchbruch bei der Erzeugung von Prädikatsweinen, wobei die Natur kräftig nachgeholfen hatte und vor allem deutsche Einkäufer Interesse zeigten und gute Preise anboten. In den Gemeinden wurden bald nach Beginn meiner Tätigkeit Ortsweinkosten veranstaltet, die sich als eine der wichtigsten Maßnahmen zur Qualitätsverbesserung herausstellen sollten, da dadurch die Verbesserung sichtbar wurde. Auch eine größere Laborstelle entstand auf meine Initiative in Gols, wo die Weinbauern aus der Nähe ihre Weine kontrollieren lassen konnten.
1979 kam es durch Zufall zu einem Ereignis, das mich von da an besonders prägen sollte. Es war der Beginn meiner Tätigkeit als Schnapsbrenner. 1985 wurde zum Katastrophenjahr für den Weinbau – der Abgrund, der Glykolskandal. Die ständigen Berichte in den Zeitungen mit Namensnennungen, Verdächtigungen von Personen, die gar nichts damit zu tun hatten, Vorwürfe von Kunden und Beschimpfungen völlig Unschuldiger – es war schrecklich, kaum auszuhalten. Eines wurde bald Tatsache: Die Fälschungen in Niederösterreich waren mengenmäßig noch weit schlimmer als im Burgenland und

nach einem Jahr deutlich sichtbar – der Weinbau 1986 war nicht mehr derselbe wie vor dem Jahr 1985. Vielen wurde bewusst, dass wir das Angebot verändern mussten – vielleicht ein neuer Weintyp oder etwas anderes? Es herrschte allgemeine Ratlosigkeit.
Ich habe mich gedanklich schon länger damit beschäftigt und kam so zu den Namensweinen, die dann Opernballwein, Andreaswein, Haydn-Wein usw. heißen sollten. Es wurden Sorten festgelegt, ein kurzer Einbogenschnitt und die Kategorie Naturwein mit 17 bis 18°KMW ohne nachfolgende Zuckerung des Mostes, bei Rotwein mindestens 19°KMW, ebenfalls ohne Zuckerung. Die Gemeinden Mörbisch, Oggau und Eisenstadt begannen als erste mit diesen Neuerungen und wurden am Anfang gleich so gut angenommen, dass die Erstprodukte bald vergriffen waren. Dieser Erfolg verblüffte mich zunächst, war aber gleichzeitig enorm befriedigend und bestätigte mein Qualitätsstreben deutlich.

Jahrelang schickten viele Winzer ihre Prädikatsweine nach Laibach (Slowenien) zur Prämierung bei der dortigen Weinmesse, speziell aus dem unteren Seewinkel, und erhielten dafür regelmäßig jede Menge Goldmedaillen und andere Ehrungen. Auch das trug dazu bei, sich bei der Erzielung höherer Qualitäten mehr anstrengen zu müssen, wodurch meine Empfehlungen noch beflügelt wurden. Nebenbei fand eine deutliche Verhaltensänderung zum Lesebeginn statt. Die Weinbauern – besonders in Illmitz und Mönchhof – warteten nun wesentlich länger mit dem Beginn der Lese als früher. 1986 wurde ich auf eigenen Wunsch nach Eisenstadt versetzt und war nun für den Bezirk Eisenstadt zuständig. 1991 wurde in Donnerskirchen ein Sperrlager errichtet, und ich erklärte mich bereit, dort die kellertechnischen Aufgaben zu übernehmen. Es folgten mehrere ähnliche Aktionen mit dem Ziel, die Weinpreise zu stützen – letztendlich erfolglos. Erst ein gravierender Strukturwandel brachte die Wende. Die Preise für Fassweine wurden immer schlechter, auch dank dem, mit dem Weinskandal zu Grunde gegangenen Weinhandel. Viele, vor allem Nebenberufsweinbauern, gaben ihren Weinbau auf, die Weingärten wurden gerodet oder an andere Weinbauern weiterverkauft, sodass die Rebfläche deutlich kleiner wurde und damit auch das Angebot geringer. Einzelne Betriebe wurden jedoch größer. 1994 endete meine Tätigkeit und mein Beruf als Weinbauberater in der Burgenländischen Landwirtschaftskammer – ich wurde in den Ruhestand geschickt. Das brachte mir allerdings mehr Zeit für mein großes Hobby, die Schnapsbrennerei, die aber schon viel mehr als nur ein Zeitvertreib geworden war und mir auch den nötigen Auftrieb zum

Weitermachen gab. Ich nahm in der Zeit als Schnapsbrenner an vielen Prämierungen teil und errang im Zuge dessen jede Menge Goldmedaillen, Ehrungen und etliche Titel als "Landessieger" und auch das "Goldene Stamperl" 2021 in Wieselburg konnte ich erringen.
Mit dem Weinbau im Burgenland fühle ich mich weiterhin eng verbunden. Er hat mich nie losgelassen und ich bin außerordentlich zufrieden und stolz, denn bei uns wächst heute der beste Wein der Welt und die Welt hat diese Tatsache auch zur Kenntnis genommen. Dabei gewesen zu sein und beigetragen zu haben, dieses Ziel auf so breiter Basis erreicht zu haben, erfüllt mich mit Genugtuung. Für viele ist die unnötige Verwendung von Zucker heute schon ein echtes Tabu, und die Erzeugung reiner Naturweine eine Selbstverständlichkeit. Im Großen und Ganzen bin ich von den Winzern freundlich aufgenommen und anerkannt worden. Dabei sind oft auch echte Freundschaften entstanden. Ganz Wenige hat es natürlich gegeben, zu denen ich keinen Kontakt finden konnte. Das lag möglicherweise daran, dass sie meine Botschaft einfach nicht verstanden haben.

Eine Begebenheit sollte auch nicht in Vergessenheit geraten. Andreas Kern, geboren in Oggau, Gastronom in Preßburg, er war mein Großvater mütterlicherseits und der erste „Wein-Weltmeister" des Burgenlandes. Er sandte 1930 eine Kiste Rotwein zur Weltausstellung nach Paris zur Begutachtung, in der Überzeugung, er habe den besten Wein der Welt – heute würde man sagen „was für eine Schnapsidee" angesichts der Überlegenheit der französischen Winzer weltweit und aus einem Weingebiet, das keiner kennt. Als jedoch die Nachricht aus Paris kam über die Zuerkennung des „Grand Prix de Paris", war die Überraschung groß und diese wurde dementsprechend mit großer Freude gefeiert. Dass dies keine Eintagsfliege war, bewies er auf der Weltausstellung 1932 in London nochmals, wo ihm dieses Husarenstück erneut gelang und er auch hier den „Grand Prix und die Medaille d'Or" erhielt. Man kann sich die langen Gesichter der siegessicheren Franzosen vorstellen, denen er, stammend aus einer Gegend, von der in Frankreich noch niemand etwas gehört hat und deren Namen für französische Zungen fast unaussprechbar war, diese Trophäe vor der Nase weggeschnappt hat.

GUT PURBACH
Hauptgasse 64
7083 Purbach
T: +43 2683 56086

E: office@gutpurbach.at
W: www.gutpurbach.at

STIEGLMAX

Vom Glykolwein zum „Weinweltmeister"

„Das Burgenländische Weinwunder" und wie der Weinbau aus der Katastrophe 1985 herauskam

Wir schreiben das Jahr 1961. Ing. Heinz Stainer, Absolvent der Höheren Bundeslehranstalt für Obst- und Weinbau in Klosterneuburg, bewirbt sich bei der burgenländischen Landwirtschaftskammer in Eisenstadt mit dem Ziel, den Posten eines Weinbauberaters zu erhalten. Er wird angenommen, und sein Dienstantritt ist der 1. April – kein Aprilscherz.

Damit beginnt eine Karriere, die im Nachhinein betrachtet, zu einem sehr erfüllten Berufsleben geführt hat, in einer Zeit des Umbruchs und der ständigen Veränderungen, wo praktisch ein komplett neues Weingebiet entstanden ist, speziell im Bezirk Neusiedl.

Besonders in den 60er und 70er Jahren wurden jährlich mehrere hundert Hektar Weingärten neu gepflanzt. Alte Häuser wurden abgerissen und oft viel größer wieder aufgebaut, beflügelt durch höhere Einnahmen sowie wesentliche Betriebsvergrößerungen samt Kellerräumlichkeiten. Dies alles geschah aus der zwingenden Notwendigkeit heraus, zu einem erheblichen Teil ohne ausreichendes Fachwissen nach eigenem Gutdünken, ohne Vorbilder, auf die man zurückgreifen hätte können, durch Learning by Doing. Diese Entwicklung erforderte dringend eine geregelte Weinbehandlung.

Viele ehemals kleine Weinbauern hatten auf einmal die fünf- bis zehnfache Weinmenge zu bewältigen. Hinzu kamen Landwirte, die ursprünglich gar keine Weinbauern waren und plötzlich mit 5 Hektar Weingarten und oft 2 bis 3 verschiedenen Sorten in dieses Metier neu einstiegen. Zeitweise konnte man sich des Eindrucks nicht erwehren, dass manche Menschen sich eher durch allgemein vorherrschende Hysterie leiten ließen als durch vernünftige Überlegungen.

Um die Sichtweise auch der parallel agierenden Kellereiinspektion zu beleuchten, finden Sie zwischendurch Auszüge aus dem Buch "DER WEINSKANDAL, Das Ende einer unseligen Entwicklung", von Kellereiinspektor Ing. Walter Brüders, Verlag Denkmayr Linz, 1999.

Ein Neuanfang

Zunächst hatte ich nur eine mehr nebulose Vorstellung von meiner Aufgabe. Ich war zunächst meinem Vorgänger, Herrn Mitterer sen., zugeteilt, der mich eingearbeitet hat, dem Vater von KI Ing. Josef Mitterer, einem Klosterneuburger Kollegen. Herr Mitterer hat mit mir einige Ausflüge in die Weinbaugemeinden unternommen, sodass ich etliche Leute kennenlernen konnte, auch im Seewinkel.

In diesem Jahr gab es vermehrt über den Winter Verbissschäden von Hasen an jungen Reben, und Herr Mitterer hat mich ermuntert, im Mitteilungsblatt der Landwirtschaftskammer einen Fachartikel zu schreiben als Information für die Weinbauern. Ich schrieb über die Ursachen und die Vorbeugungsmaßnahmen wie Gitter und Geruchsmittel. Innerhalb des Artikels setzte ich auch den Satz „Hilf Dir selbst, dann hilft Dir Gott" als Hinweis, eher durch Vorbeugungsmaßnahmen mögliche Schäden zu verhindern.

Daraufhin erhielt ich einen bitterbösen Brief von einem Jäger, der glaubte, ich hätte durch diese Bemerkung dazu aufgerufen, die Hasen mit der Drahtschlinge zu fangen, was damals noch gelegentlich vorkam.

Dieses Jahr gab es ein besonders seltenes Ereignis, über das in der Kollegenschaft noch lange diskutiert wurde. Im Sommer gab es ein Unwetter, und am Horizont erschien aus den Wolken eine schwarze Windhose. Einige Angestellte in den oberen Stockwerken bemerkten dies zuerst, und es sprach sich schnell im ganzen Haus herum. Ich lief sofort in den zweiten Stock, um mir das Naturschauspiel anzusehen und es auch zu fotografieren. Später erfuhren wir, dass die Windhose offenbar aus Richtung Neusiedl quer über den See und in die Weingärten von Rust nach St. Margarethen gezogen war. In Rust wurde ein großer Reisighaufen in die Höhe gehoben und viele Meter weiter in der Gegend verstreut sowie ein Jäger-Hochstand umgeworfen.

Im August erhielt ich die Aufgabe, die Landjugendgruppe aus Weiden nach Deutschland zu begleiten, da der Kollege, der diese Reise geplant hatte, verhindert war. Erinnerungsgemäß habe ich eher gemischte Gefühle an diese Reise. Wir fuhren über Mainau, Schwaben ins Rheinland und waren 6 Tage unterwegs. Die Gruppe, hauptsächlich Burschen und Mädchen, waren jedoch ziemlich undiszipliniert, vor allem, was die Abfahrtszeiten und die Nachtruhe betrafen.

Durch Intervention von Funktionären aus dem Seewinkel wurde ich im Herbst an das Bezirksreferat Neusiedl/See versetzt und war somit auf einmal Tagespendler und als selbstständiger Weinbauberater zuständig für den ganzen Bezirk, von Winden bis Pamhagen und von Neusiedl bis Kittsee. Ich war durch mein Fahrzeug, ein Puch 500, ausreichend mobil und bewältigte die 35 km täglich in etwa einer halben Stunde.

Kurz vor der Weinernte war ich dann fest dem Bezirksreferat Neusiedl/See zugeordnet. Nachdem ich hier keinen Vorgänger hatte, musste ich mich zunächst einmal neu orientieren. Meine erste Maßnahme war die Einrichtung eines kleinen Labors, wo einfache Weinuntersuchungen hinsichtlich Säure, Schwefelgehalt und Alkohol vorgenommen werden konnten. Später merkte ich, dass dies eine gute Gelegenheit war, die Kontakte zu den Weinbauern zu fördern. Diese brachten ihre Weine, welche auch auf mögliche Weinschönungen im Zusammenhang mit der Stabilität für die Flaschenfüllung, untersucht wurden.

Bekanntlich beginnt die Weinqualität im Weingarten und so bin ich regelmäßig während der Weinernte in die Ortschaften gefahren und habe die Trauben und den frischen Saft bei den Weinbauern während der Lese überprüft und tagebuchartig festgehalten (nachzulesen in meinem ersten Buch "30 Jahre Weinerlebnis")."

Wenn ich den Gesamtzustand der Weinwirtschaft von damals beschreiben möchte, muss ich diesen eher als „Untere Stufe“ bezeichnen. Die Reben wurden regelmäßig auf „Maximum“ angeschnitten, was zur Folge hatte, dass mit ziemlicher Regelmäßigkeit, sich große Weinernten mit Missernten abwechselten. Das wiederum bedeutete, einmal Überernten mit Preisverfall und Unterbringungsschwierigkeiten und im nächsten Jahr Kleinsterträge von kaum 20 % einer Normalernte. Hinzu kamen natürlich noch die Schwankungen durch das Klima und wetterbedingte Einflüsse generell.

Die Gläserkultur war durchwegs indiskutabel, da es kaum in den Kellern etwas anderes gab als die einfachen Bechergläser, manchmal auch die primitiven Kerzengläser. Ein Umstand hat mich besonders beschäftigt und Zeit meines Lebens dazu veranlasst, dagegen vehement aufzutreten. Der „Burgenländer“ galt lange Zeit als besonders schwer und alkoholstark.

Durch meine Weinuntersuchungen konnte ich feststellen, dass die Weine so gut wie regelmäßig von den Winzern auf 13 bis 14 Vol% Alkohol (aus dem Zuckersack) „aufgebessert“ wurden. Diesen Umstand konnte und wollte ich so nicht akzeptieren und habe daher von Anfang an bei jeder sich bietenden Gelegenheit vehement dagegen argumentiert. Ein weiteres Anliegen kam durch die Erkenntnis, dass es bei der Mostmessung während der Ernte zur Feststellung von Produkten kam, die gute 19°KMW (Klosterneuburger Mostwaage) und auch mehr aufwiesen, sodass diese nicht mehr gezuckert werden, sondern naturbelassen bleiben sollten. Wohl wissend, wie schwer es ist, solche Gewohnheiten zu ändern, kam das einer Herkulesarbeit gleich. Trotzdem ist es mir mit zaghaften Schritten gelungen, etliche Winzer hiervon zu überzeugen, mit einer schön langsam sich entwickelnden Breitenwirkung. Das bedeutete aber auch, dass die Aufbesserungsgrenze bei 19°KMW als erstes Ziel, das mir machbar erschien, angestrebt werden sollte.

Ein weiteres Kriterium war die Unart vieler Weinbauern, mit der Traubenernte viel zu früh zu beginnen. Sobald sich auf den Weintrauben einige leicht faule Beeren zeigten, drängten sie schon und sagten: „De Weimpa faulen, mir müassen lesen", was manchmal zu fast hysterischen Auswüchsen führen konnte. In der Folge wurden die Trauben mehr oder weniger unreif geerntet. Diese wiesen manchmal kaum mehr als 13°KMW auf und der fehlenden Natur wurde dann mit „Brucker Sonne" (Zuckerfabrik Bruck/L) bequem nachgeholfen, da vom Gesetz her im gewissen Maße erlaubt.

Neben meiner jetzigen Tätigkeit hatte ich auch Kontakt zu anderen Kollegen wie Ing. Stefan Szmolyan, Dipl.-Ing. Josef Schmidtbauer, Kl Ing. Josef Mitterer, Ing. Franz Schuster von der Bauernschule und noch einige mehr, mit denen wir uns bei Begegnungen fachlich austauschten und aktuelle Probleme im Weinbau besprachen. Sie alle haben an vorderster Front mitgewirkt, innerhalb ihres Wirkungskreises, die Qualität der Burgenländischen Weine zu verbessern. Durch meine Aufzeichnungen bin ich in der Lage, über die wichtigsten Ereignisse, besondere Wettersituationen oder sonstige Ereignisse zu berichten. In der ersten Zeit beschränkte ich mich eher auf die Kontaktaufnahme und Beobachtung der Situation und vertrat meine Ideen wie den Einsatz von weniger Zucker und die Naturbelassenheit ab 19°KMW. Generell muss ich sagen, wurde ich von den Winzern wohlwollend aufgenommen.

Bei den Weinernten 1962 zeigte sich eher eine Durchschnittsqualität bei ebensolchen Mengen. Es ist mir auch gelungen, einige Leute zum naturbelassenen Ausbau des Mosts zu Wein zu bewegen.

Bild 1 - Purbach

Der Winter kam ziemlich plötzlich, sodass einige wichtige Herbstarbeiten wie Anackern liegenblieben. Die Temperaturen fielen auf -20°C, in Innsbruck waren es sogar -30°C und in Schweden wurden -45°C gemessen. Zweimal gab es bei uns Schneestürme, wodurch die Straßen und auch querliegende Weingärten meterhoch zugeweht waren. Als sich der Schnee zu setzen begann, wurden die Reben und Drahtrahmen mitgezogen, wobei viele Rebstöcke regelrecht auseinandergerissen wurden. Einige Winzer gingen schon bald hinaus und begannen, die im Schnee gefangenen Reben abzuschneiden, sodass sie nicht mehr nach unten gezogen werden konnten.

Bei Grabungen Ende Feber 1963 wurde festgestellt, dass die Erde bis zu 1,20 m tiefgefroren war. Dieser Zustand dauerte bis Ende April. Es wurden überall Frostschäden festgestellt. Es waren viele Weingärten betroffen, die schlecht versorgt waren sowie solche, die mehrmals Überbehang hatten. Die Preise für veredelte Reben zogen durch starke Nachfrage an, es waren außerdem nicht ausreichend Reben vorhanden, sodass weniger gepflanzt wurde als beabsichtigt war. Interessant war, dass sich der Frostschaden auf die Edelreiser, die für die Veredlung verwendet wurden, nicht negativ ausgewirkt hat. Beim Rebschnitt zeigte sich, dass Weingärten, die später geschnitten wurden, weniger Frostschäden aufwiesen, als jene, die sehr zeitig geschnitten wurden. In Weingärten, wo starke Trockenheit im vergangenen

Sommer herrschte, war der Frostschaden besonders stark. Versuche mit Blattdünger im Spätsommer in solchen Anlagen brachten durchwegs positive Ergebnisse.

In der Zwischenzeit wurde ein strengeres Weingesetz beschlossen, in dem auch die amtliche Leseerlaubnis per Verordnung mit einbezogen wurde. Es sollte eine Lese unreifer Trauben tunlichst vermieden werden und ein Lesebeginn nach Sorten und Ortschaften erfolgen.

Gegen Ende September 1963 gab es kein Halten mehr. Im Seewinkel waren die Frühsorten erntereif, und die Wettersituation äußerst ungünstig und unangenehm. Fast jede Nacht regnete es, allerdings bei warmen Temperaturen. Durch diese Wetterkonstellation zeigten einzelne Weingärten bereits erhebliche Edelfäule durch den Botrytispilz, sodass in den letzten Septembertagen neben Spätlesen schöne Auslesen und sogar Beerenauslesen erzielt werden konnten.

Bei den Winzergenossenschaften und den am freien Markt, Trauben kaufenden Weinhändlern, wurden vorwiegend normale Trauben im Bereich von 13 bis 16°KMW abgeliefert. Die selbstvermarktenden Weinbauern hatten wesentlich reifere Produkte, die zur Selbstabfüllung vorgesehen waren. So begann ich die Weinbauern zu ermuntern, durch Zuwarten bei der Lese höhere Zuckergrade durch die Edelfäule zu erzielen bis zur Trockenbeerenauslese. Ich sah, dass dieses Potenzial hier in hohem Maße vorhanden war, speziell in den Weingärten, die eine Lage in der Nähe des Sees hatten. Für die Weinbauern im Seewinkel war das allerdings absolutes Neuland und so herrschte oft deutliches Unverständnis, vor allem wegen der aufwendigeren Ernteprozedur durch Herauslesen und eventuell erforderlicher Nachlese.

„Zuschauen, wie die Trauben verfaulen? Das gibt's doch nicht!?"

Bei einigen Winzern konnte ich zumindest ein gewisses Interesse wecken, als ich von Rust berichtete, wo zur gleichen Zeit bis Ende Oktober hohe Zuckergrade von 30°KMW und mehr erreicht wurden.

Mit dem Kollegen Dipl.-Ing. Lunzer hatte ich diesbezüglich einige Auseinandersetzungen. Er war Betriebsleiter des Weingutes von Lenz Moser in Apetlon und unschlüssig, ob er das Experiment wagen sollte oder nicht. Später habe ich erfahren, dass es ihm sehr leidgetan hat, keine Trockenbeerenauslese durchgeführt zu haben, obwohl es relativ einfach gewesen wäre.

Anfang Dezember wurde ich nach Oberitalien beordert, um in einer großen Anlage für Unterlagsreben, welche für burgenländische Rebveredler vorgesehen waren, diese zu begutachten.

Der Winter auf 1964 kann als eher normal bezeichnet werden. Im Frühjahr herrschte ziemlicher Hochbetrieb. Viele alte Weingärten, die noch mit schmalen Reihen ausgepflanzt waren, wurden umgestellt, indem jede zweite Reihe entfernt wurde und die verbliebenen Rebstöcke einen neuen Drahtrahmen erhielten. Außerdem wurden Neuanlagen oft mitten im Feldgebiet errichtet und zwar in einem noch nie dagewesenen Ausmaß. Es dürften bis zu 1000 ha gewesen sein.

Damals mehrten sich die Beschwerden, dass im Zuge dieser Umbauarbeiten der Abstand der ersten Reihe zum Nachbarn ungenügend eingehalten wurde. Ein diesbezüglich neues Gesetz war bereits in Ausarbeitung.

Im Sommer kam es zu starken Preiseinbrüchen beim Weißweinverkauf, da die Winzer teilweise zurückhaltend agierten. Nun kam bald die nächste Ernte und die Weinbauern brauchten vermehrt Lagerraum, um die neuen Weinmengen unterzubringen. Leider waren alle Möglichkeiten, Fassgeschirr zu bekommen, ausgeschöpft und die Fassbinder konnten keine Bestellungen mehr annehmen. Außerdem war der Preis für das Fassgebinde um etwa 30 % gestiegen. Die Winzergenossenschaften schafften ebenfalls neuen Weinlagerraum, denn man erwartete eine Rekordernte.

Die Weinernte 1964 begann Ende September, und die Erntemengen waren üppig. Viele Winzer konnten ihre Ernte kaum unterbringen, da sie sich beim Fasszukauf verschätzt hatten. Die Zuckergrade bei der Ernte waren überraschend hoch. Es gab kaum Werte unter 16°KMW und Anfang Oktober waren sogar einige Gradationen im Auslesebereich zu verzeichnen. In diesem Jahr schlossen sich wieder einige Winzer der Gruppe an, die ab 19°KMW nicht mehr aufbesserten, sondern ihre Weine naturbelassen ausbauten. Einige Winzer konnte ich dazu überreden, die Ernte zu verzögern. Das machte sich dann auch durch höhere Gradationen bezahlt. Die Preise am freien Traubenmarkt waren jedoch im Keller und eindeutig zu niedrig.

Während der Ernte regnete es öfter. Dies führte zu Erschwernissen und so mussten sich die Weinbauern beeilen. Die „Gilde“ der Naturweinerzeuger wuchs zu meiner Freude deutlich an. Bemerkenswert war das gestiegene Angebot an blauen Trauben und das wurde vom Handel mit fast dem doppelten Preis im Vergleich zu den Weißweintrauben honoriert.

Am Westufer des Sees beendeten viele Winzer ihre Weinernte erst gegen Mitte November. Es gab eher kühle Temperaturen und täglich Hochnebel, sodass ein Zuwarten auf höhere Zuckergrade weitgehend sinnlos war. Es machte keinen Sinn, bei so einem nasskalten Wetter auf höhere Qualität zu warten. Außerdem verzeichnete man im Oktober 178 mm Niederschlag.

Kollege Dipl.-Ing. Lunzer wartete auf Biegen und Brechen bis Anfang Dezember mit der Ernte und erreichte damit nichts. Stellt man sich mit Gewalt gegen die Natur, ist meistens eine Pleite vorprogrammiert. (Sein Chef hat ihn sicher nicht gelobt). Hinzu kam noch ein akuter Säuremangel, da durch die sehr späte Ernte die Säure ausgewaschen wurde.

Das Burgenland beteiligte sich in diesem Jahr verstärkt bei der Kremser Weinmesse mit 141 Weinen. Wir waren ebenfalls mit einigen Kostern (auch mit meiner Wenigkeit) bei der Kostkommission vertreten. Den burgenländischen Produkten wurden 31 Gold- und 38 Silbermedaillen zuerkannt. Aus meinem Bezirk waren 40 Produkte vertreten, von denen, zu meiner großen Befriedigung, die Hälfte Gold und Silber erhielt.

Bild 2 Weinstock vor der Ernte

Das Katastrophenjahr

Das Jahr 1965 begann wie das alte Jahr aufgehört hatte, nämlich sehr nass. Bis Ende Mai hatten wir bereits einen Niederschlag von 445 mm registriert. Die Vegetation war deutlich verzögert. Am 19. Mai fand ein seltenes Ereignis statt: Starker Südwind führte zu einer stehenden Welle, bei der der Wind das Wasser des Sees in den nördlichen Teil trieb. Da im See der seltene Umstand mit überdurchschnittlich hohem Wasserstand auftrat, wurde der große Parkplatz am Seebad in Neusiedl/See komplett überschwemmt. Als sich der Wind dann auf Nord drehte, ging das Wasser wieder zurück.

Im Sommer nahm das Wetter regelrecht katastrophale Ausmaße an. Es begann mit sintflutartigen Regenfällen und durchwegs kalter Witterung. Viele Grundstücke, auch viele Weingärten, waren richtig abgesoffen. Die Versuche, normale Pflegemaßnahmen wie Spritzungen gegen Rebkrankheiten mechanisch durchzuführen, scheiterten fast regelmäßig kläglich, weil die Zugmaschinen im Schlamm stecken blieben. Einige probierten es händisch mit der Rückenspritze, manche resignierten und ließen alles wie es war. Die Rebenveredler mussten mehrere Wochen warten, bis sie einschulen konnten, weil der Boden viel zu nass war.

In Oggau hatte es so viel geregnet, dass die Feldwege und Straßen zu reißenden Bächen wurden. Sand und Geröll lagen meterhoch auf der Hauptstraße und den quer liegenden Wegen im unteren Teil der Ortschaft. Die Feuerwehr musste viele Keller auspumpen. Der Kanal entlang der Hauptstraße wurde ebenfalls mit Sand und Geröll angeschüttet. Dieses Ereignis führte dazu, dass in den Folgejahren im Gebiet oberhalb der Ortschaft eine ausreichend große Wildbachverbauung errichtet wurde.

Ein alter Mann aus Podersdorf erinnerte sich, dass 1912 ein ähnliches Wetter geherrscht haben soll und viele Felder nicht bestellt werden konnten, sodass manche Menschen damals hungern mussten.

Die Entwicklung in den Weingärten war Anfang Juni besorgniserregend. Vereinzelt traten Krankheiten auf, manche Gescheine wiesen bräunliche Verfärbungen auf und überall bildeten sich aus den Gescheinen einzelne Ranken. Am 11. Juni las man in der Zeitung, dass seit 1870 kein solches Frühjahr registriert worden war. Russische Forscher berichteten vom Nordpol über Extremtemperaturen von -82°C.

Interessant war die Wettersituation Europas. Im Norden und im Süden herrschten durchwegs hohe Temperaturen. Nur in der Mitte war ein breiter Streifen mit Nässe und Kälte, genau über unserem Gebiet. In Indien litt man zur gleichen Zeit unter zu hohen Temperaturen und Trockenheit. Ich hatte einen kleinen Erdkeller in Neusiedl, wo die Rebenbündel der Rebenveredlungsgenossenschaft, die ich betreute, zwischengelagert wurden. Dort floss enorm viel Wasser bei der Tür heraus. Viele Länder Mitteleuropas meldeten Hochwasser. In Budapest war der Pegelstand der Donau 45 cm über der Hochwassermarke von 1954.

Die Gescheine der Reben waren nur noch halb so groß wie üblich, da der andere Teil sich in Ranken umwandelte. Am 21. Juni gab es im Seewinkel ein starkes Unwetter mit Hagelschlag und teilweise Verwüstungen. Der Hagelschlag betraf bis zu 70 % der Reben. Ende Juni wurde es kurzfristig warm und die Blüte begann, anschließend wurde es aber wieder kühl. Die Blüte war erst um den 10. Juli beendet, fast einen Monat später als gewöhnlich.

Die Getreideernte zog sich ebenfalls in die Länge. Reihenweise blieben die Mähdrescher im morastigen Boden stecken und feuchte Böden konnten gar nicht geerntet werden. In den Leithaauen zeigte sich ein außergewöhnlich interessantes Schauspiel. Dort standen viele Felder etwa einen halben Meter unter Wasser, prachtvoll schöne Ähren schauten aus dem Wasser, konnten aber nicht geerntet werden.

Die Entwicklung der Weintrauben verzögerte sich deutlich und ein starkes Auftreten von Mehltau (Oidium) wurde sichtbar. Bis Anfang August wurden bereits 1000 mm Niederschlag registriert; normal waren es 500 bis 600 mm im ganzen Jahr. Die Weinernte begann um den 10. Oktober 1965 mit Zuckergraden um 15°KMW, manchmal auch etwas weniger aber mit einer völlig ungewohnt hohen Säure. Mitte Oktober gab es zweimal Bodenfrost und die Blätter wurden in vielen Weingärten über Nacht braun, besonders in den tieferen Lagen. In diesen Weingärten wurde die Reife unterbrochen und nahm auch kaum zu, höchstens durch wärmeres Wetter und Schrumpfung. Trotz dieser widrigen Umstände kam es zu einer größeren Anzahl von Qualitäten bis zur Auslese. Die Weinernte zog sich bis Mitte November in die Länge. Die Mengenerträge waren äußerst bescheiden und reduziert und so gab es keinerlei Unterbringungsschwierigkeiten.

Bei Allacher Paul in Gols, einer der ersten meiner „Folgsamen", wurde in besagtem Jahr am 11. November eine Martini-Lese durchgeführt. Das gab es noch nie und war eine echte Sensation. So spät wurden bisher im Seewinkel noch nie absichtlich überreife Trauben geerntet. Ausgesucht wurden dafür Weintrauben der Sorte Gewürztraminer. Der erste Versuch ging leider daneben, da der Regen beim Lesen die Zuckergrade verwässerte. Der 2. Versuch am 12. November war dann sehr erfolgreich mit 23°KMW und 8 % Säure. Das wurde dann zwei Tage später mit einem zünftigen Gansl-Festessen mit Prominenten und Verwandten gebührend gefeiert. Das Fernsehen war auch da.

Der Jahrgang 1965 mit der ungewohnt hohen Säure machte den Winzern sehr zu schaffen. Heuer wurde erstmals die sogenannte „Doppelsalzentsäuerung“ zugelassen. Bei sehr hohem Säuregehalt würde der Wein sonst etwas einseitig schmecken. Der normale Entsäuerungskalk reduziert nur die Weinsäure und die Apfelsäure bleibt übrig. Mit dieser neuen Methode werden beide Säurewerte gesenkt und der Wein dadurch harmonischer. Ein höherer Anteil von Apfelsäure birgt aber die Gefahr, durch einen biologischen Säureabbau (Milchsäurebakterien), weitgehend unkontrolliert, einen Säuresturz hervorzurufen, der dann auch tatsächlich bei einigen aufgetreten ist.

Das Rebenholz war generell schlecht ausgereift, daher war bei stärkerem Frost ein großer Schaden zu befürchten.

Die Nässeperiode

Der Grundwasserspiegel im Seewinkel war außergewöhnlich hoch. Die niedrigsten Gemeinden wie Illmitz und Apetlon, die derzeit kaum mehr als 1 m über dem Niveau des Neusiedlersees liegen, saßen praktisch im Wasser. Es gab in diesen Gemeinden so gut wie keinen Keller, der nicht unter Wasser stand (teilweise meterhoch). Manche Leute mussten ihre Weinfässer mit starken Stützen an der Decke befestigen, weil sie sonst davon zu schwimmen drohten. Viele Neupflanzungen ertranken und erforderten eine Neuauspflanzung. Der gesamte Niederschlag im Jahr 1965 erreichte einen Jahrhundert-Rekordwert von 1700 mm, gegenüber einer normalen Niederschlagsmenge von maximal 600 mm.

Es wurde ein Auspflanzverbot erlassen, mit der Vorgabe, höchstens 60 Ar auspflanzen zu dürfen. Dagegen polemisierte der Weinhandel vehement. Auch der Weinbaupionier Lenz Moser stellte sich dagegen und behauptete, im Burgenland, hauptsächlich im Bezirk Neusiedl, wären 4 Millionen Kisten-Reben neu gepflanzt worden, was maßlos übertrieben war und auf keinem Fall den Tatsachen entsprach. Er forderte einen Aufschub des Gesetzes um zwei Jahre.

Eine größere Anzahl von Winzern hatte mit dem Wein des letzten Jahrganges Gärprobleme. Sie blieben stecken und mussten beheizt werden. Bei einigen trat nach der Entsäuerung eine biologische Milchsäuregärung auf. Dadurch kann man oft die erforderlichen Mindestsäurewerte nicht halten, und man

sollte vor der Entsäuerung gut überlegen, ob und in welchem Maße diese überhaupt erforderlich ist.
Der Jahrgang 1965 machte auch bei der Stabilisierung von Eiweiß größte Schwierigkeiten, weil die normal verabreichten Bentonitgaben in Zusammenhang mit dem pH-Wert nicht ausreichten. In Niederösterreich sprach man von vielen Weinen mit mieser Qualität und Säurewerten oft weit über 10 Promille.
Der Winter war dann mit maximal -13°C nicht übermäßig kalt, daher konnte der Rebschnitt ganz normal vonstattengehen. Nach ausgiebigen Regenfällen Anfang des Jahres 1966 stand das Wasser in den Weinkellern schon wieder meterhoch, diesmal auch in Andau und Halbturn.
Am 8. März berichtete die Zeitung über die Mandelblüte am Karlsplatz in Wien. Dies deutete auf einen zeitigen Frühling hin.
Ich begann auf Anregung meines Kollegen Dipl. Ing. Schmidtbauer schon vor einigen Jahren, in den Ortschaften sogenannte Ortsweinkosten abzuhalten. Mit den örtlichen Weinbauvereinen vereinbarte man in den Wintermonaten einen Termin, um interessierten Winzern die Möglichkeit zu geben, einige ihrer Weine zur Begutachtung zu bringen. Diese wurden dann durch mich als Vorsitzenden bewertet und alle durften mitkosten. Das hatte den Vorteil einer Begutachtung auf neutralem Boden und dass ein Vergleich mit anderen gleichartigen Produkten stattfand.
In den Anfangsjahren ergaben sich gelegentlich leichte Unstimmigkeiten, da manche Winzer ihren Wein als den „Besten" betrachteten, aber die Beurteilung nicht wunschgemäß ausfiel. Das gab sich allerdings mit der Zeit. Möglicherweise blieben die Kritiker aus oder sie nahmen die ausgesprochene Kritik als berechtigt wahr. Diejenigen, die fast regelmäßig daran teilnahmen, wurden auf alle Fälle auch gefestigt in der Weinbeurteilung.
Diese Veranstaltungen wurden immer beliebter und ein wichtiges Instrument für die Weiterverwendung des Weines, ob für Füllung in kleine Flaschen, für Prämierung geeignet und Ähnliches. Dabei kommt der Sicherheit der Beurteilungsfähigkeit des Vorsitzenden eine sehr wichtige, wenn nicht die entscheidende Rolle zu.
Ich möchte mich nicht selbst loben aber es ist mir in all den Jahren weitgehend gelungen, treffende und gute Beurteilungen abzugeben, obwohl ich in den ersten Jahren die Proben noch getrunken habe. Einerseits erhielt ich weitgehend die Zustimmung der anwesenden Winzer, die durch diese Übungen selbst immer professioneller wurden. Außerdem versuchten die Helfer der Verkostung mehrfach Weine, die schon einmal verkostet wurden,

nochmals anonym zu bringen und waren dann meistens erstaunt, wenn das erneute Urteil annähernd gleichlautend war. Bei den Ortsverkostungen dieses Jahres wurden etwa 700 Proben bewältigt, wovon ich etwa 40 % für prämierungswürdig gehalten hätte.

Generell muss gesagt werden, dass die Weinqualität von Jahr zu Jahr immer besser wurde, woran auch die Ortsweinkosten einen erheblichen Beitrag leisteten. Viele Winzer erkannten die bessere Bewertung der Naturweine ohne Zuckerung des Mostes. Meine Aufgabe war es, den Winzern die machbaren Möglichkeiten aufzuzeigen und in die Hand zu geben.

Ein Argument wurde mir allerdings oft entgegengehalten, dem ich kaum widersprechen konnte. Die Weinbauern waren zwar für qualitätsverbessernde Maßnahmen, jedoch lohne sich der Aufwand dafür meistens nicht, weil der Weinhandel diese beim Fassweinkauf nicht honorierte und so die Vorteile nur bei den Selbstvermarktern zum Tragen kam.

Einen Umstand möchte ich noch erwähnen, damit man sich auch später ein Bild von der damaligen Zeit machen kann. Als ich meine Arbeit im Bezirksreferat Neusiedl begann, war es im Weinkeller üblich, den Wein in einfachen, konischen Bechergläsern mit einem Inhalt von 1/16 l dem Gast zur Verkostung einzuschenken. Dies war allgemein üblich und kann heute als einigermaßen befremdlich angesehen werden. Kollege Dipl.-Ing. Schmidtbauer wurde jedoch aktiv und ließ ein burgenländisches Salonglas entwerfen, wodurch sich schön langsam eine Änderung auf diesem Gebiet anbahnte. Zunächst gab es gänzlich andere, nämlich Stielgläschen bei den örtlichen Weinfesten, statt der bisherigen Bechergläser und mit der Zeit fanden auch schöne, bauchige Stielgläser Eingang in die Weinkeller. Am Anfang spielte der Preis noch eine gewisse Rolle, da diese Gläser natürlich teurer waren. Mit den Jahren war dies aber kein Thema mehr.

WEINGUT LEBERL

- ✓ Familienbetrieb seit Generationen
- ✓ 22 Hektar Weingärten in Großhöflein, am Südhang des Leithagebirges
- ✓ Großer Wert auf die Herkunftstypizität
- ✓ Naturschonend und mit viel Handarbeit gepflegt
- ✓ Die Böden weisen sehr hohen Kalkgehalt auf, der den Weinen eine elegante Struktur und Langlebigkeit verleiht
- ✓ Unterschiedliche Böden auf besten Rieden ermöglichen ein großes Sortiment

SAUVIGNON BLANC
Südosthang am Leithagebirge, (Braunerdeböden mit Urgestein und etwas Kalk verleihen feine Frucht und Mineralität)

CHARDONNAY auf mehreren namhaften Rieden- extrem kalkreich, verleiht Struktur und Langlebigkeit bis zu hellem Kalk mit Eleganz und Mineralität

Weingut LEBERL

Hauptstraße 91
7051 Großhöflein

Telefon: +43 2682 67800
Mail: weingut@leberl.at
Fax: +43 2682 67800 – 1
Web: www.leberl.at

BLAUFRÄNKISCH - Hauptsorte am Weingut Leberl. Die besten Trauben von leichter Braunerde mit viel Kalk bis zur Höhenlage mit extrem viel Kalk

CABERNET SAUVIGNON gedeihen auf kalkreichen Böden zu elegantesten und mächtigsten Weinen

Cuvée »PECCATUM« (lat. Sünde). aus Blaufränkisch, Cabernet Sauvignon, Merlot.
Die fast fertig gereiften Trauben werden im Sommer stark ausgedünnt (grüne Lese)

Der Sommer 1966 hatte eine normale Entwicklung gezeigt, allerdings mit einigen Auffälligkeiten. Einerseits gab es ein sehr starkes Auftreten des Heuwurms, auch der Pockenmilbe und außerdem trat die Chlorose (Gelbwerden der Blätter) außergewöhnlich stark in Erscheinung. Es dürfte Letzteres eine Folge der Witterung des Vorjahres gewesen sein, wo es wahrscheinlich zu starker Bodenverdichtung gekommen sein dürfte. Viele Winzer hatten auch Probleme mit Abdriftschäden, die durch Spritzungen auf angrenzenden Getreidefeldern mit Wuchsstoffmitteln entstanden sind und zu mehr oder weniger starken Verrieselungen der Gescheine sowie Verkrüppelung der Blätter führten und damit zu einem gravierenden Ernteausfall. Zur Erklärung für Weinbauunkundige: Der Traubenwickler ist ein Rebschädling, nämlich ein Falter, der seine Eier zunächst vor der Blüte in das Geschein ablegt. Während der Blüte werden daraus dann kleine, etwa 1 cm lange Raupen, die beginnen, das Geschein einzuspinnen, mit häufiger Folge einer mehr oder weniger starken Verrieselung, d.h. Abfallen der Blütenknospen. Die erste Generation wird auch Heuwurm genannt, da sie meistens Ende Mai, ~~Anfang~~ Juni zur ersten Heuernte auftreten. Die zweite Generation tritt erst Ende August (manchmal erst Anfang September) auf und wird Sauerwurm genannt, weil die sauren, unreifen Beeren befallen werden, die dann unreif zu faulen beginnen. Es gibt dann noch eine dritte Generation, den sogenannten Süßwurm, der die süßen, reifen Beeren befällt. Das kommt aber äußerst selten, eher bei extrem früher Reife, vor.

Das Burgenland nahm auch diesmal wieder bei der Kremser Weinmesse teil und schnitt dabei sehr gut ab. Während der Verkostung fielen jedoch einige Schwächen des Jahrgangs 1965 auf. Ende Juli gab es starke Regenfälle, die in Niederösterreich zu erheblichen Überschwemmungen geführt hatten. Im August trat vermehrt die Blattkrankheit Peronospora auf. Auch Botrytisbefall an Trauben wurde verstärkt festgestellt, speziell bei den Frühsorten Bouvier und Müller-Thurgau. Da dies ab 16°KMW bereits zur Edelfäule führte, freuten sich schon etliche Leute auf Trockenbeerenauslesen, besonders die Ruster.

KI Ing. Josef Mitterer hat sich mit der Entwicklung von Botrytis etwas näher beschäftigt und besonders nannte er die entscheidende Rolle des Niederschlags vor der Ernte. Mehr als 100 mm Regen bei gleichzeitig eher höheren Temperaturen begünstigt stark die Botrytisentwicklung bei den Trauben.

Die Weinernte 1966 wurde für die Bezirke Neusiedl und Eisenstadt ab 24. September freigegeben. Das Wetter war angenehm schön und die

Entwicklung der Trauben bestens. Einige begannen wegen der einsetzenden Fäulnis vorzeitig mit der Lese, zwar mit guten Zuckergraden bis Auslese, wurden jedoch angezeigt, da das Gesetz hinsichtlich des Lesebeginns darauf keine Rücksicht nahm und Ausnahmen unsinnigerweise nicht vorgesehen waren.
Ich sah die große Chance zur Erzeugung von Beeren- und Trockenauslesen. Dazu war es aber nötig zuzuwarten, bis der Botrytispilz die ganze Traube erfasste und die Beeren durch höhere Temperaturen einzuschrumpfen begannen. Durch diese Maßnahme oder durch Vornehmen einer manuellen Auslese können höhere Zuckergrade beim Traubensaft entstehen.

Vielen Winzern war dies aber noch ein „spanisches Dorf" und das Zuwarten, bis alles gefault war, stieß bei ihnen weitgehend auf Unverständnis. Mein jugendlicher Enthusiasmus gab mir jedoch ausreichend Schwung. Ich sprach oft wie mit Engelszungen, um die Weinbauern davon zu überzeugen, dass dies ein Weg zu ihrem eigenen Vorteil wäre, zumindest ein kleiner Versuch sollte wenigstens unternommen werden. Schließlich waren die Voraussetzungen dafür in diesem Jahr besonders günstig. Einige konnte ich doch überreden und sagte ihnen auch zu, sie bei der ganzen Prozedur beratungsmäßig zu begleiten.
Bei den ersten Erzeugern dieser neuen Weinkategorie tauchten die Namen Schreiner- Gols, Weingut Wittmannshof, Kummer-Halbturn, Gisch-Hölle, Pfeiffer-Winden, Lang-Podersdorf und Allacher-Gols auf. Nicht alle Weine gelangen so gut wie geplant. Manche Beerenauslesen gärten zu weit durch und erhielten deshalb einen überdurchschnittlich hohen Alkoholgehalt bei zu geringem verbliebenen Restzucker. Trotzdem war einmal ein Anfang gemacht. Es war auf jeden Fall ein starkes Geburtsjahr für diese bisher kaum vorhandene Weinqualitätsstufe edelfauler Trauben im Bezirk Neusiedl. Der Beginn einer Ära, nicht wissend, was das für ein Hit werden sollte, dank der Lehrmeister aus Rust.
Bei der Ernte gab es auch sehr viele Irxentrauben. Das sind die Trauben der Nebentriebe, die nach dem Abstutzen als kleine Trauben entstehen. Dadurch blühen sie verspätet und kommen im Oktober oft mit einer markanten Säure verzögert zur Reife. Eine Ernte derselben lohnt sich selten. Diesmal wurden allerdings größere Mengen geerntet und es gab für diese Trauben ein lebhaftes Interesse und so wurden diese auch gut verkauft.

Durch den Zuwachs an Rebfläche ergab sich die Problematik, die Produkte auch vermarkten zu müssen. In den meisten Ortschaften wurden diesbezüglich bei der örtlichen Brückenwaage die frisch geernteten Weintrauben verkauft. Auch wurde der Wein im Großgebinde an den Weinhandel abgegeben. Dort, wo Winzergenossenschaften vorhanden waren, erfolgte der Verkauf auch über diese Genossenschaften. In zwei Ortschaften waren jedoch überwiegend Selbstvermarkter tätig, die ihren Wein in Flaschen füllten und direkt zu ihren Kunden brachten, die Gemeinden Jois und Gols. Die Einen waren stark abhängig von der Kaufwilligkeit samt gebotenem Preis der Weinhändler. Die Anderen mussten sich ihre Weinmengen einteilen und je nach Verkaufserfolg gelegentlich zukaufen, um ihren Bedarf für die Kunden decken zu können. Im Laufe der Jahre habe ich immer wieder erlebt, dass die Selbstvermarkter, auf Grund zu geringer Ernten und hoher Nachfrage, erhebliche Mengen an Wein zukaufen mussten. Dieser Umstand soll in einem späteren Kapitel noch einen tragischen Beigeschmack bekommen. Es liegt in der Natur der Sache: Selbstvermarkter sind auf sich allein gestellt. Es ist eine große Erleichterung und Unterstützung, wenn die Familie bei der Arbeit und auch im Weingarten mithilft. Diese Winzer zeichnen sich meiner Meinung als Schwerarbeiter aus. Sie müssen nicht nur die Aufgaben im Weingarten bewältigen, sondern auch die Weinernte in Richtung Qualität meistern, wofür umfangreiches Fachwissen erforderlich ist, um entsprechend hochwertigen und verkaufsfähigen Wein herzustellen. Abschließend sind sie für das Marketing, den Verkauf und eventuell die Auslieferung an die Kunden verantwortlich.

Die Erntemengen des Jahres 1966 könnte man eher als klein bezeichnen. Als Folge waren die Selbstvermarkter ab Jänner bereits wieder unterwegs, Nachschub zu besorgen, um ausreichend Wein in Reserve zu haben. Die Nachfrage nach Rebenveredelungen zur Neupflanzung war außergewöhnlich groß. Die Rebsorten Grüner Veltliner, Welschriesling und Blauer Zweigelt waren binnen kürzester Zeit ausverkauft

Auszug aus dem Buch DER WEINSKANDAL von Walter Brüders, Verlag Denkmayr Linz, 1999, Seite 13 Absatz 1-3:

Die Prädikatsweine, eine neue Herausforderung

Diese edle Weingruppe hatte rund um den Weinskandal am meisten zu leiden und wurde geradezu zum Sündenbock gestempelt. Weil sehr exportabhängig, ist die Diskriminierung bis in die heutigen Tage, also über 10 Jahre danach, noch deutlich spürbar.

Die Natur bescherte uns in der Epoche der wachsenden Erntemengen einige gute Jahrgänge, auch was die Prädikatsweine betrifft. Dabei darf an die Jahre 1963, 1967, 1969, 1971 und 1973 besonders gedacht werden. Als Weinkategorie hatten die Prädikate im Weingesetz 1961 bereits Eingang gefunden, auch hatte man ihnen eine Art Definition zukommen lassen. Die Produzenten waren zu Beginn der sechziger Jahre mit Weinen „besonderer Leseart" überhaupt nicht vertraut, denn bis dahin hatten sich selbst im Burgenland nur Weinbauern eines kleinen Gebietes um Rust am See damit befasst. 1963 war man z.B. in Neusiedl am See entsetzt über den Botrytisbefall, der die ganzen Trauben quasi über Nacht zu Klumpen verwandelte, die dann als rettungslos verfault qualifiziert wurden. Das Landwirtschaftliche Bezirksreferat wie auch die Kellereiinspektion mussten umfassende Aufklärungsarbeit leisten. Österreich nahm die erste große Prädikatsweinernte in Empfang. Hochgradige Moste lieferten alle Spezialitäten von der Spätlese bis hin zur Trockenbeere mit den charakteristischen fein abgestimmten Botrytistönen.

Ja diese Kreszenzen lagen nun in den Gewölben. Bald wurde auch die Befürchtung laut, ob sie auch entsprechend verkauft werden könnten. Doch das waren sie, obwohl der Markt bei uns dafür bescheiden war und ist. Außerdem machte die Natur in diese Richtung eine schöpferische Pause bis zum Jahr 1967, sodass von einem Überangebot keine Rede sein konnte. Man ging aus Unwissenheit zur Tagesordnung über.[...]

In der Weinbauschule Klosterneuburg wurden im Feber 1967 Antriebsversuche mit Bogreben durchgeführt, mit dem Ergebnis, dass für den Herbst ein schwacher Behang konstatiert wurde und damit eine geringe Weinernte zu erwarten wäre. Ich konnte das jedoch nicht glauben, auch die vielen Irxen im Vorjahr sprachen dagegen.
Die Ortsweinkosten konnten pünktlich durchgeführt werden. Ich hatte etwa 1000 Weinproben zu bewältigen, an einem Tag waren es sogar einmal 180. Damals beschloss ich, mich auf jeden Fall umzustellen und in einen großen Becher oder Kübel zu spucken, wie es bereits anderswo praktiziert wurde.
Der junge Weinjahrgang bereitete erneut Schwierigkeiten. Die Selbstklärung ließ zu wünschen übrig und die Eiweißtrübungen ließen sich nur unter großer Mühe beseitigen. Anfang März war es außergewöhnlich warm.

Tinhof

WEIN VOM LEITHABERG

Österreichische Wein-Tradition aus dem Burgenland

In Eisenstadt, an den Hängen des Leithagebirges, liegen die Weingärten von Erwin Tinhof.

- ausschließlich österreichische Rebsorten
- seit 11 Generationen gepflegt.

Natürlich naturnahe und ohne künstliche Düngung bewirtschaftet Erwin Tinhof 16 ha Rebfläche.

Bepflanzt sind diese Weingärten mit bis zu 55 Jahre alten Rebstöcken traditioneller, fast rein österreichischer Sorten wie **Neuburger** und **Weißburgunder** sowie **Blaufränkisch** und **Sankt Laurent**.

Nach sorgfältiger Handlese, ausschließlich eigener Trauben und schonender Verarbeitung werden die Weine am Weingut Tinhof abgefüllt.

Seit 2012 ist unser Betrieb ***biologisch-organisch*** *zertifiziert.*

Keller und Verkauf

Eisenstädter Straße 10
A-7061 Trausdorf, Burgenl
Tel.: + 43 (0)26 82/626 48
wein@tinhof.at
www.tinhof.at

Die Temperaturen betrugen bis zu 20°C und auch die Maifröste blieben in diesem Jahr aus.
Der Juni begann mit einem Kälterückschlag bis auf 6°C Nachttemperatur (Schafskälte?). Diese Witterung führte zu einem besonderen Ereignis: Viele Weingärten verfärbten sich plötzlich gelb. In Pamhagen führte ein Winzer unfreiwillig ein Experiment durch. In der Kältephase gegen Abend wurden vier Reihen Gewürztraminer gespritzt. Am nächsten Tag waren diese Reihen komplett gelb, während die nicht gespritzten Reihen grün blieben. Die Gelbfärbung ging jedoch im Laufe des Sommers wieder zurück.
In der Zeitung war zu lesen, dass es 1967 eine Rekordweinernte geben würde. Im September gab es ausgiebige Niederschläge und die Trauben begannen vorzeitig zu faulen.
Diesmal wurde wieder ein strenger Lesetermin beschlossen, gestaffelt nach Früh- und Spätsorten sowie nach Ortschaften. Dieser Beschluss wurde jedoch nach wenigen Tagen wegen Undurchführbarkeit aufgehoben. Meiner Meinung nach macht die Festlegung solcher Termine zukünftig keinen Sinn mehr, weil die örtlichen Reifeverhältnisse zu unterschiedlich sind. In Niederösterreich protestierten die Weinbauern heftig gegen diese Termine. Angeblich wurden dem Weinbaudirektor Ohrfeigen angedroht, wenn die verfügten Termine nicht wieder aufgehoben würden.
Die Weinernte fiel üppiger aus als von den meisten Winzern angenommen, allerdings keine ausgesprochene Rekordernte. Ende September wurden schon Auslesen geerntet, während die Trauben aus den nicht faulenden Weingärten kaum 15°KMW aufwiesen. Die Erfahrungen aus dem Vorjahr bezüglich edelfauler Trauben kamen dieses Jahr sehr gut zum Tragen. Die Liste derer, die diese Weinkategorie bevorzugt geerntet haben, hat sich in dem Jahr verdoppelt. Außerdem wurden erstmals Trockenbeerenauslesen bis 36°KMW erzielt. Ich war eifrig unterwegs, diese Betriebe zu unterstützen, damit bei der Verarbeitung möglichst nichts mehr schiefgehen sollte. Insgesamt dürften es 200 hl Beeren- und Trockenbeerenauslesen gewesen sein, die in dem Jahr geerntet wurden. Daneben gab es jede Menge Kabinett (ungezuckerter Naturwein), Spät- und Auslesen. Meine intensive Arbeit begann langsam Früchte zu tragen – ich war sehr erfreut. Die Weinernte dauerte bis Ende Oktober.
Da bei vielen Selbstvermarktern die Vorräte an Flaschenwein fast bei Null waren, wurden gegen Ende November bereits im großen Stil Jungweine abgefüllt. Es könnten in meinem Gebiet mehrere 1000 hl gewesen sein, die

auch in der Erntemeldung gar nicht mehr aufschienen, weil der Wein schon vor Dezember ausgetrunken sein dürfte.
Mitte November erlebten wir einen Ansturm auf Rebveredlungen, wie wir ihn bisher noch nie erlebt hatten. Ich kam nur noch selten dazu, die Reben zu begutachten, da sie regelrecht den Rebschulen aus den Händen gerissen wurden. Wie gewohnt waren die bevorzugten Sorten Grüner Veltliner, Welschriesling und Blauer Zweigelt.

Generell war 1967 ein gutes Jahr für die Landwirtschaft. Sowohl bei Getreide als auch bei der Weinernte wurden überdurchschnittliche Mengen bei sehr guter Qualität erzielt, ebenso bei der Zuckerrübe. Auch die Rebveredlungen verzeichneten hohe Anwuchsprozente bei sehr guter Bewurzelung.

Anfang Jänner 1968 hatte der Winter uns fest im Griff. Es wurden Temperaturen bis -22°C gemessen. Kaum war der Schnee von der Straße geräumt, begann es erneut zu schneien und es gab mehrmals Raureif. Das Wetter zeigte sich zudem unangenehm sprunghaft. Am 3. Jänner hatten wir in Eisenstadt eine Temperatur von -2°C, während gleichzeitig in Pamhagen -14°C gemessen wurden
Bei all diesen Vorkommnissen hatte ich ein eher ungutes Gefühl. Am 14. Jänner fiel erneut Schnee und die Straßen waren vereist.
Mitte Jänner hatte ich bereits über 600 Weinproben begutachtet. Leider wurde immer noch viel zu viel gezuckert. Viele Weine wiesen extrem hohe Alkoholwerte auf und manche hatten einen weitgehend unerwünschten Restzuckergehalt. Ich wurde nicht müde, diese Untugend anzuprangern. Umso mehr freute ich mich über jedes neue Produkt, bei dem auf Zucker verzichtet wurde.

Am 23. Jänner 1968 wurden im gesamten Weingebiet rund um den See mehr oder weniger starke Frostschäden festgestellt. Je niedriger die Anlagen gelegen waren, desto mehr schwarze Augen wurden gefunden. Die höher liegenden Rebenanlagen waren kaum betroffen. Dieses Ereignis war auch Hauptthema bei diversen Fachvorträgen und in Gesprächen mit persönlichen Kontakten. Ich riet zu einem Teilschnitt und empfahl, die Ruten vorläufig nicht einzukürzen, sondern erst kurz nach dem Austrieb mit einem Nachschnitt zu beginnen. Die meisten Winzer nahmen meinen Rat nicht ernst und führten einen normalen Rebschnitt durch. Diese Betriebe mussten bei der Ernte wohl mit einem Totalausfall rechnen. Diejenigen, die länger schnitten, sollten wenigstens eine bescheidene Ernte einbringen. Alexander Steiner aus

Podersdorf befolgte als Einziger meinen Rat und schnitt die Reben gar nicht, dadurch rechnete ich bei ihm fast mit einer Normalernte.

Bei den Ortsweinkosten, quasi die Visitenkarte der Winzer, konnte man feststellen, dass die ungezuckerten Naturweine sich deutlich hervorhoben und mehrheitlich als prämierungswürdig eingestuft wurden. Auf meine Initiative hin wurden dieses Jahr 120 Proben zur Kremser Weinmesse angemeldet, was durchaus als kleine Sensation bezeichnet werden konnte. Der Seewinkel zeigte hier ein Qualitätspotenzial, das auch manche Fachleute überraschte und die Erwartungen weit übertraf.

Im Frühjahr 1968 brach ein Bauboom im Bezirk Neusiedl aus. Alte Häuser wurden in wenigen Stunden niedergerissen und innerhalb von drei Wochen durch einen größeren Rohbau ersetzt. Offenbar liefen die Geschäfte bei den Bauern gut, möglicherweise auch aufgrund besserer Qualität. Ein offensichtlicher Investitionsbedarf war zweifellos gegeben und Lagerraum wurde dringend benötigt.

Im Mai 1968 geriet das Weingeschäft ins Stocken. In Niederösterreich gab es so gut wie keine Frostschäden, sodass dort generell mit einer guten Ernte gerechnet wurde. Außerdem waren die Preise hier durchwegs günstiger und der Handel konnte billiger einkaufen.

In diesem Jahr war ich wieder Testkoster auf der Kremser Weinmesse mit täglich etwa 80 Weinproben. Bei Alkoholkontrollen nach Beendigung der Veranstaltung wurde festgestellt, dass keiner der Koster zu viel Alkohol im Blut hatte. Der höchste Wert lag bei 0,2. Bei den meisten Testern lag die Messung jedoch bei 0,0 Alkohol.

Mir fiel bei dieser Veranstaltung auf, dass milde Weine oder solche mit einem ganz leichten Restzucker fast immer etwas besser beurteilt wurden als ganz trockene Weine. Die subjektive Beurteilung mancher Tester empfand ich diesbezüglich als ungerecht.

Im Mai 1968 hatte es schon länger nicht geregnet und die Trockenheit war vorherrschend spürbar. Außerdem entstand durch Stürme, die die labilen, jungen Triebe nach dem Austrieb abbrachen, größerer Schaden.

Anfang Juli 1968 fand die Burgenländische Landesweinprämierung in der Weinbauschule in Eisenstadt statt. Bei einer Rekordbeteiligung von 1132 Weinproben hatten wir eine Menge Arbeit zu bewältigen. Es herrschte brütende Hitze, denn im Verkostungsraum hatte es 32 Grad C, was kaum auszuhalten war. Etwa 200 Proben mussten ausgeschieden werden, weil sie zu hohe Werte beim Schwefel sowie beim Alkohol enthalten hatten und somit

nicht verkehrsfähig waren. Die Voruntersuchung wurde mir übertragen, wofür ich etwa 14 Tage benötigte.
Die Entwicklung der Trauben war weit fortgeschritten. Bereits Anfang September 1968 wurden die meisten Frühsorten abgeerntet und Anfang Oktober war auch die Haupternte abgeschlossen. Einige Winzer konnten weniger als die Hälfte einer Normalernte einfahren. Die Anlieferung auf den Traubenplätzen blieb begrenzt und es wurden deutlich weniger Lastwägen zur Abfuhr geschickt. Dennoch kam es zu keinem gravierenden Überangebot. Meine Prognosen bezüglich des Rebschnittes hatten sich vollständig bewahrheitet. Diejenigen, die normale Schnittmethoden auf die frostgeschädigten Reben anwendeten, verzeichneten kaum Ertrag und die Bottiche blieben halb leer. Alexander Steiner, der als Einziger die Weingärten ungeschnitten ließ, konnte eine ganz normale Ernte einfahren.
In diesem Jahr gelang es mir erneut, einige Winzer dazu zu bewegen, höhere Prädikate bis zur Beerenauslese zu erzeugen. Kummer-Halbturn und Paul Allacher-Gols gelang sogar eine Trockenbeerenauslese. Zudem gab es in diesem Jahr auffallend viele Spät- und Auslesen. Tendenzen zum Zuwarten wurden Ende Oktober immer sinnloser, da es zu kalt war und ständig regnete.
Noch Mitte August verkündete Herr Lenz Moser auf dem Golser Volksfest wenig zurückhaltend, dass im Burgenland in diesem Jahr 1 Million Hektoliter Wein geerntet würden. Ich konterte sofort, dass diese Behauptung aus der Luft gegriffen und völlig unmöglich sei, was sich später dann auch bestätigt hat. Auch gute Fachleute können mit ihren Aussagen einmal komplett danebenliegen.

Im März 1969 wurden erstmals Stützungskäufe beschlossen, von denen der Bezirk Neusiedl mit 10.000 Hektolitern betroffen war. Glücklicherweise gelang es, diese Mengen für den Export vorzusehen, sodass es zu einer echten Entlastung kam. Ein Winzer aus Jois erhielt einen Rodungsbescheid für seine widerrechtlich ausgepflanzte Weinbaufläche von 4 Hektar und alle warteten gespannt auf das Urteil. In Andau wurden ebenfalls etliche Winzer wegen des gleichen Delikts angezeigt. Der dortige Bürgermeister wurde verpflichtet, dies untersuchen zu lassen. Nach mündlicher Überlieferung sollen diese Anzeigen absichtlich liegen geblieben sein. Meiner Meinung nach sollten Amtsträger nicht zu Ungehorsam aufrufen, um dann „wegzusehen“. Strenge Maßnahmen schützen den Weinbau, umgeht man diese, führt man das Weingesetz ad absurdum.

Bis Ende März hatten wir bereits Niederschläge für ein halbes Jahr. Die Keller liefen schon wieder voll, und auf den Feldern sah es auch nicht anders aus. Aus dem "harten Durchgreifen" beim illegalen Auspflanzen von Reben wurde im Sommer nichts. Der Winzer aus Jois schlug in seinem widerrechlich ausgepflanzten Weingarten munter die Pfosten ein und die anderen erhielten auch keine amtlichen Anordnungen - Frechheit siegte.
Der Muskat Ottonel verrieselte sehr stark in diesem Jahr, wodurch man im Herbst mit geringer Ernte rechnen musste. Diese Sorte ist jedoch phänomenal. Selbst wenn nur die Hälfte verloren geht, können sich die Beeren viel größer als normal entwickeln und trotzdem einen guten Ertrag bringen, noch dazu bei bester Qualität.

Die Weinprämierung hatte wieder rund 1.000 eingereichte Proben zu bewältigen. Etwa 200 Proben mussten wegen zu viel Alkohol ausgeschieden werden. Das Ergebnis war 251mal Gold, 350 Silber- und 230 Bronzemedaillen. Erfreulicherweise wurden in den Weinkellern immer öfter schöne Stielgläser für die Weinverkostung verwendet. Die Weinpräsentation gewann enorm an Stil. Die Stielgläser setzten sich auch auf den örtlichen Weinfesten durch.
Im Frühsommer zeigte sich in den Hangweingärten zwischen Neusiedl und Mönchhof, vor allem in älteren Weingärten, die Blattkrankheit "Roter Brenner". Die Leute sprachen von einer "Neuen Krankheit", vergaßen aber ein bereits früheres Auftreten dieser Krankheit. Die befallenen Blätter trockneten und fielen ab. Diese Krankheit wurde wahrscheinlich durch zu geringe Spritzmittelkonzentration verursacht. Der Traubenansatz sollte für eine ausreichend gute Ernte sorgen, obwohl sich auffallend viele kleine Beeren entwickelt hatten.

Eine kleine Weingeschichte

Im Zuge meiner Tätigkeit stellte ich fest, dass die Gepflogenheiten in den einzelnen Gemeinden oft große Unterschiede aufwiesen. So war eine Gemeinde zum Beispiel eine sehr konservative, Neuheiten konnten sich nur langsam durchsetzen und tägliche Arbeiten wurden eher im langsamen Trott erledigt. Waren die Bewohner der einen Gemeinde oft schon um fünf Uhr in der Früh auf den Feldern anzutreffen, sah man die der anderen Gemeinde kaum vor sieben Uhr.

So verhielt es sich auch mit meiner Empfehlung, bei der Weinernte auf die Zuckerung des Mostes zu verzichten. Einige folgten meiner Empfehlung, die Anderen zögerten sehr lange. Besonders am Anfang war man der Meinung, dass dann der Wein unmöglich gut werden könne.

In vielen Gemeinden um den Neusiedlersee gab es einen „Gmoakeller" (Gemeindekeller) und der dort entstandene Wein wurde für Präsentationszwecke verwendet, so auch in Weiden.

Schlaue Köpfe kamen nun auf die Idee, meine Empfehlung, den Most naturbelassen auszubauen, doch im Gemeindekeller auszuprobieren, was dann auch, wie ich später erfuhr, geschah. Als dann nach einigen Jahren für diese Weine vermehrt Goldmedaillen erzielt wurden, begann ein Umdenken, wodurch immer mehr Winzer meiner Empfehlung folgten.

Bild 3 Purbacher Kellergasse

JURIS WEIN GOLS

Axel und Herta Stiegelmar
Marktgasse 12-18, A-7122 Gols
Tel: +43 (0)2173/2748 e-mail: office@juris.at
Fax: +43 (0)2173/3323 internet: www.juris.at

- Seit vielen Generationen
- hochwertige Weine
- am österreichischen Rotwein-wunder maßgeblich beteiligt
- herausragende Vielfalt
- beliebtester Vornamen Georg – Juri(s) in der Familie

Rot, weiß und süß – auf Juris gewiss

„Es ist das reichhaltige Sortiment, das Juris auszeichnet"

- heimische Rebsorten und eine Vorliebe für Burgunder wie Pinot Noir und St. Laurent (aus den besten Rebstöcken selektioniert)
- kleinbeerige Qualitätsklone
- Top-Rotweine - Cuvées St. Georg, Ina'mera und Tricata komplexe Charakterweine, die im pannonischen Klima wunderbar gedeihen
- neben dem griffigen Chardonnay Altenberg auch der duftige Sauvignon Blanc aromatischer Muskat-Ottonel und Gewürztraminer sind sehr beliebt
- typisch für das Burgenland: Auch der rote Strohwein. verführerische Restsüße von Fruchtigkeit der Blaufränkisch-Traube ergänzt
- herrlich duftende Auslesen der Sorten Muskat Ottonel und Gewürztraminer.

Das offizielle Geburtsjahr des Prädikatsweines im Seewinkel – ein echtes Naturwunder

Am 20. September 1969 sollte ein Ereignis die Welt des burgenländischen Weins nachhaltig verändern. Ein Naturereignis, das höchstwahrscheinlich erst in über 100 Jahren wieder eintreten wird und dessen Auswirkungen selbst Tage danach kaum zu erkennen waren.
Von Samstag, den 20. September bis Sonntag, den 21. September hatten wir im Seewinkel eine Nachttemperatur nahe 0°C bei einer Luftfeuchtigkeit von 100 %, eine Art "Wasserreif". Dies führte über Nacht dazu, dass die Beeren der Trauben an vielen Rebstöcken zum Braunwerden neigten. Vor allem die Frühsorten Bouvier und Müller-Thurgau waren betroffen, aber auch andere Sorten blieben nicht gänzlich verschont. In den Wochen zuvor hatten wir Niederschläge von etwa 140 mm verzeichnet und die Gradation lag bereits im Bereich über 16°KMW. Obwohl die Weinernte größtenteils erst für das nächste Wochenende geplant war, bei manchen sogar erst am 29. September, reagierten viele Weinbauern überzogen, unter dem Motto: "Die Weintrauben sind braun, wir müssen sofort lesen". Da die professionellen Leser erst später verfügbar waren, mobilisierten sie Verwandte und Bekannte und begannen überstürzt mit der Weinlese. Kaum begonnen, musste die Arbeit wieder unterbrochen werden, weil die Trauben so empfindlich waren. Die Beerenhaut war so mürbe, dass man die Trauben kaum richtig fassen konnte. Die Winzer stürmten sämtliche Geschäfte und kauften jede größere Schüssel, jeden verfügbaren Behälter, bis hin zu Babywannen, um die Trauben aufzufangen. Binnen einer Stunde waren die Geschäfte ausverkauft. In der Folge spielte das Wetter eine entscheidende Rolle, denn die ganze Woche über war es sonnig und etwa 25°C warm. Ich bekam von diesen Geschehnissen zunächst gar nichts mit und erfuhr davon erst durch Erzählungen Außenstehender. Durch diese Wettersituation wurden die Trauben immer trockener und handlicher, außerdem wurden die Trauben intensiv vom Botrytispilz befallen. Durch die Schrumpfung nahmen die Zuckergrade massiv zu. Wer in einem Weingarten mit etwa 19°KMW am Montag mit der Lese begann, konnte am darauffolgenden Wochenende seinen Traubensaft mit 25°KMW messen.

Bei der Lesekontrolle 1969 stellte ich auf den Traubenplätzen zunächst Mostwerte von 16 bis 17°KMW fest, in privaten Weinkellern etwas höher. Gegen Ende September stiegen die Zuckergrade dann rasant an. Am 3. Oktober wurde bereits eine Trockenbeerenauslese mit 37°KMW gemessen, und am 9. Oktober sogar eine mit 41°KMW. Viele Weinbauern empfanden die

erzielten Zuckergrade als viel zu hoch. Die Weine erhielten auf natürliche Weise einen ungewollt hohen Alkoholgehalt und manchmal auch einen unpassenden, eher unerwünschten Restzucker, vor allem bei Selbstvermarktern. Das Wetter blieb weiterhin warm und schön.
In den Winzergenossenschaften wurden noch nie dagewesene Gradationen gemessen. Reihenweise wurden Weintanks und Zisternen mit Spät- und Auslesewerten bis zu 22°KMW gemessen, meistens unangemeldet. Bei den Traubenplätzen lag die Traubengradation meistens bei 17 bis 18°KMW, jedoch lagen die Traubenpreise bei S 2,- bis S 2,50 absolut im "Keller".

Bild 4: Illmitz – Ziehbrunnen und Schilfhütte

Ich habe mich immer über die Winzergenossenschaften geärgert, die bei der Traubenübernahme zu wenig oder gar nicht nach Rebsorten und Qualität differenzierten. Also habe ich ein Experiment mit den Funktionären der Winzergenossenschaft Illmitz vereinbart. Viele Mitglieder wurden dazu animiert und bei einer Weingartenbegehung über die Einzelheiten informiert. Ein erster Lesetermin wurde festgelegt, um eine Spät- und Auslese von der Sorte Bouvier zu ernten. Die Lese begann Ende September mit 20°KMW und innerhalb einer Woche stiegen die Zuckergrade auf 26°KMW. Die Trauben wurden separat gepresst und der frische Traubenmost wurde zum Winzerverband am Rusterberg gebracht. Der dortige Kellermeister ließ mich später wissen, dass er noch nie so einen guten Wein in seinem Keller gehabt hätte. Leider konnte ich mir diesen Erfolg nicht an die Brust heften, da das Projekt völlig daneben

ging. Der festgelegte Preis von S 6,- pro kg war zwar in Ordnung, aber die weiteren Zuckergrade wurden nur mit S 0,10 pro kg bezahlt. Ich empfand das als eine bodenlose Gemeinheit. Vernünftig wären mindestens S 0,50 pro Zuckergrad mehr gewesen. Die betroffenen Winzer waren sehr erbost darüber. Es sollte nicht der letzte Nebengriff des Burgenländischen Winzerverbandes gewesen sein.
Mit fortschreitender Ernte konnte ich überwiegend nur noch Süßweine begutachten. Am 20. Oktober durfte ich beim Bürgermeister Peck in Andau eine Trockenbeerenauslese mit 43°KMW messen, auch zur Überraschung des Erzeugers. Es sei an dieser Stelle erwähnt: die Skala der dafür benutzten Messgeräte (sog. Zuckerrefraktometer) endeten bei 40°KMW, alles darüber hinaus musste geschätzt werden. So viele Messungen während der Ernte hatte ich noch nie zu bewältigen. Diese Menge an Prädikatsweinen machte aber auch Sorgen, ob es dafür überhaupt einen Absatz geben werde und wenn doch, zu welchem Preis.
Die Auswirkungen dieser Ereignisse waren revolutionär. Es gab so gut wie keinen Keller, in dem nicht Süßweine im Bereich von 21 bis 26°KMW eingekeltert wurden. Manche Winzer waren gezwungen, ihre Weine in Auslesequalität in 2-Liter-Flaschen als Schankwein zu füllen, da sie keinen anderen Wein dafür zur Verfügung hatten. Die Weine waren naturbedingt mit 14 bis 15 Vol% ziemlich alkoholschwer. Das bereitete vor allem auch den Gastwirten gewisse Probleme. Außerdem waren viele Weinbauern mit dieser Weinqualität aus dem Jahrgang 1969 generell überfordert. Die meisten konnten mit dem Material, das ihnen da unfreiwillig in den Schoß gefallen war, nicht umgehen. Viele dieser Produkte waren durchgegoren mit Alkoholwerten jenseits der 15 Vol%. Technische Einrichtungen, die dies hätten verhindern können, waren damals noch nicht vorhanden. Überall wurde die Sorge geäußert: "Und wer kauft so etwas, in dieser Menge?" Aber es sollte anders kommen.
Anfang Dezember kam der erste Interessent, ein Weinsensal Toifl aus Krems. Er kaufte etwa 300 hl "Weine besonderer Leseart", wie sich die Qualitätsstufen über 19°KMW ab Spätlese bis zur Trockenbeerenauslese nennt. Für die Spätlese wurde S 7,- bis S 30,-- pro Liter Trockenbeerenauslese bezahlt, womit die Verkäufer weitgehend zufrieden waren.
Der Weinjahrgang 1969 hat auf jeden Fall das Interesse an der Erzeugung dieser Weinkategorie bei unseren Weinbauern enorm gesteigert. Die fachlich richtige Behandlung dieser Weine war jedoch eine große Herausforderung, da sowohl die Geräte als auch die Erfahrung bei den meisten Winzern fehlten. Möglicherweise hätte der Bezirk Neusiedl halb Europa mit diesen

Süßweinen versorgen können. Ich konnte zu diesem Zeitpunkt nicht wissen, dass diese Vorstellung einmal in die Nähe der Realität rücken würde, jedoch mit tragischem Ausgang.

Eine gewaltige Veränderung des Kaufverhaltens

Mitte Jänner war, wie man landläufig sagt, „die Hölle los“. Auf einmal traten deutsche Weinhändler als Einkäufer auf und waren sehr interessiert an Spätlesen bis Beerenauslesen, wobei sie sehr penibel auf die Qualität achteten. Die Preise lagen im Bereich von S 8,- bis S 20,-, womit alle hoch zufrieden waren. Bei einigen gab es allerdings die Schwierigkeit, dass sie die, für die Weine erforderliche Anmeldung mit einer Absichtserklärung, bei der Gemeinde nicht vorgenommen hatten, sodass diese Weine offiziell nicht anerkannt wurden. Nachmeldungen wurden nicht bewilligt, somit konnten die Winzer an dieser Verkaufsaktion offiziell nicht teilnehmen.
Mitte Feber waren die gleichen Händler aus Deutschland schon wieder da. Sie kauften allerdings etwa 1000 hl normale Weinqualität um S 6,- pro Liter. Bisher lag das Preisgefüge für diese Weine bei S 4,- bis S 4,50.

Bild 5 alte Wassermühle Unterkohlstetten

Bild 6 alte Windmühle Neusiedl/See

Was wäre wenn,...

<u>Jahrgang 1969</u>: Angenommen, ich hätte nicht schon vor Jahren für die Erzeugung von Natursüßweinen geworben und die Weinbauern wären daher gänzlich uninformiert darüber gewesen, was man mit überwiegend edelfaulen Trauben anfangen kann, wie man die Weinlese richtig gestalten soll, um unter diesen Umständen zu einem hochwertigen Produkt zu kommen, dann hätte kaum jemand eine Ahnung gehabt, wie man durch Zuwarten, Auslese, Trennung von gesunden und gefaulten Trauben zu hochwertigen Produkten wie Beeren und Trockenbeerenauslesen kommen kann.
Ernte 1969, ein großer Teil der Trauben war angefault, die Erzeugung von Beerenauslesen weitgehend unbekannt, die Weinlese musste aber durchgeführt werden. Es wäre also „ganz normal" geerntet worden und die Folgen sind fast durchwegs hochgradige Auslesen mit hohem Alkoholpotenzial und eine Gärung bis Weihnachten, weil sich viele Winzer in den Vorjahren nicht überzeugen ließen und sich bei den Vorträgen und Weinkosten nicht dafür interessierten. Viele Informationen über die Möglichkeit zur Anmeldung für Prädikatsweine, Erhaltung von Restzucker und vieles mehr waren nicht vorhanden. Es wäre vielleicht zu einigen Zufallsprodukten gekommen, aber wahrscheinlich nicht als Qualitätserzeugnis anerkannt worden, weil nicht als solches angemeldet. Die Weine hätten Abnehmer gefunden aber zu einem wesentlich niedrigeren Preis. Ob die Deutschen Weinhändler unter diesen Voraussetzungen überhaupt Interesse gezeigt hätten, wage ich stark zu bezweifeln, zumindest nicht in dem tatsächlich stattgefundenen Ausmaß.

Und nun zu den Tatsachen. Viele Betriebe quer durch die Ortschaften kannten die Szenerie mit den edelfaulen Trauben, hatten bereits bescheidene Erfolge und waren über das Prozedere weitgehend informiert, wie man mit diesem Material umgehen muss, um das Beste dabei herauszuholen. Außerdem wurden die Anrainer allein durch Zusehen aktiviert. Sie reagierten richtig und das Beispiel derer, die schon wussten, wie es ging, hatte somit Schule gemacht. Als Folge wurden großartige Produkte in derart reichlichen Mengen erzeugt, sodass der Weinhandel optimal reagieren konnte, auch in finanzieller Hinsicht.
Einigen entglitt die Qualität durch Nachgärung oder zu hohem Alkoholgehalt, oft auch mit Überschwefelung. Die Behandlung dieser Weinkategorie musste erst erlernt werden und das braucht einige Jährchen. Je häufiger solche

Produkte geerntet wurden, umso mehr Routine bekam man, auch im Umgang und in der Beschaffung der erforderlichen Geräte.
Es liegt mir fern, mir den Gesamterfolg an die Brust zu heften, es war mir jedoch eine große Genugtuung, hier beigetragen zu haben und aktiv beteiligt gewesen zu sein, ein neues, erweitertes Süßweingebiet, welches auch internationale Aufmerksamkeit, Anerkennung und Berühmtheit erlangen konnte, zu schaffen, im Vergleich zu Ungarn oder Frankreich.
Der Austrieb der Reben im Frühjahr 1970 hat sich durch feuchtkühle Temperaturen ziemlich hingezogen. Dadurch war die Entwicklung eines Milbenbefalls erheblich begünstigt, betreffend sowohl Pocken- als auch Kräuselmilben. Somit fand die Weinblüte auch erst verspätet gegen Ende Juni statt. Ursprünglich gelbe, chlorotische Weingärten wurden Ende Juli wieder grün. Der Ansatz zeigte sich ausgesprochen gut und kündigte damit für den Herbst, das von mir erwartete Überangebot an. Der Weinhandel kaufte nur mehr sehr zögerlich. An Krankheiten traten wieder etwas „Roter Brenner" und „Peronospora" auf.
Die Temperaturen im September waren eher kühl, und es gab schon länger keinen Regen. Darum kam es besonders dort zu erheblichen Trockenschäden, wo die Reben übergroßen Behang aufwiesen. In der Nacht zum 29. September hatten wir Frosttemperaturen. Die Blätter der tiefer gelegenen Weingärten wurden dadurch braun. Am nächsten Tag gab es endlich den ersehnten Reiferegen, um die 50 mm, man könnte sagen zur richtigen Zeit. Viele Winzer standen schon in den Startlöchern, um mit der Weinernte zu beginnen. Die Zuckergrade zeigten sich behangbedingt jedoch noch zu niedrig. Man musste den Beeren Zeit geben, damit sie sich durch den Regen zu einer guten Reife entwickeln konnten.
Die Weinernte 1970 begann etwa in der zweiten Oktoberwoche mit ausreichender Gradation über 15°KMW. Die Erntemenge war enorm groß, äußerst rekordverdächtig, das Holz aber schlecht ausgereift und ließ für das nächste Jahr eher eine Mindergernte erahnen. Vom 17. auf den 18. Oktober gab es wieder Frost. Sämtliche Weinblätter froren ab und wurden braun. Die Reife machte durch anhaltend kühle Temperaturen nur langsame Fortschritte, auch beim Vorhandensein von leichter Edelfäule. Was jedoch fehlte war die Sonne. Nur die Routiniers in Sachen Prädikatswein zeigten ihr Können und waren imstande, Spätlesen heimzubringen. Zeitweise mussten Winzer die Ernte einstellen, weil die Fässer bereits voll waren und die Lieferung der nachbestellten Tanks noch ausstand. Das Überangebot war überall deutlich sichtbar. Der Handel kauft eher zögerlich mit „Kellerpreisen" um S 1,50. Die

Genossenschaften mussten ebenfalls die Übernahme unterbrechen, da die Abfuhr zum Winzerverband ungenügend funktionierte und gelegentlich maschinelle Gebrechen auftraten. Ende Oktober bis Anfang November war das Wetter ausgesprochen warm. Die Geduldigen konnten dabei oft noch eine Spätlese erreichen, sogar jene, die zum Zuwarten gezwungen waren. Die Winzergenossenschaften verpassten eine Riesenchance durch zu kleine Fassungsräumlichkeiten, wodurch sie leistungsmäßig enorm eingeschränkt waren.

Private Firmen zeigten, wie es gehen konnte. Sautner in Gols errichtete ein riesiges Tanklager, eine Investition, die sich bei dem zu erwartenden Gewinn jedoch mehr als bezahlt machen würde. Matthias Lunzer aus Gols gelang es als einzigem, in diesem Jahr eine Trockenbeerenauslese mit 37°KMW und eine Beerenauslese zu ernten. Weitere Beerenauslesen wurden ebenfalls bei Alexander Steiner in Podersdorf, Gemeindekeller Weiden und ein Ausbruch bei Johann Lang in Podersdorf gekeltert. Ende November waren erhebliche Flächen an Weingärten noch nicht abgeerntet. Inzwischen waren viele Spät- und Auslesen komplett durchgegoren und wiesen einen relativ hohen Alkoholgehalt auf. Dies war auf die fehlenden Geräte, Filter, Zentrifugen und Kühlung zurückzuführen, die notwendig gewesen wären, um solche Weinkategorien zu verarbeiten. Diese Erkenntnis wurde immer klarer.

Die allgemeine Arbeitsweise:

Um die Entwicklung im Weinbau in dieser Zeit besser zu verstehen, möchte ich einige Hintergrundinformationen zur Arbeitsweise der Winzer in ihren Kellern geben.

Vom Prinzip her gab es drei Gruppierungen:
Zunächst gab es jene Weinbauern, die vorwiegend ihre Ernte am Traubenmarkt über die Brückenwaage verkauften, an den Weinhandel oder die Winzergenossenschaften. Das waren in erster Linie Nebenerwerbswinzer. Diese trugen das volle Risiko in Bezug auf den Abgabetermin und schwankende, oft nicht festgesetzte und oft unzureichende Preise.

Zur zweiten Gruppe gehörten jene, die über größere Kellerräumlichkeiten verfügten und ihre Ernte in tiefe, oft alte Keller in Holzfässer, aber auch in Lagerhallen mit großen Weintanks selbst einfüllten. Sie verkauften ihren Wein im Großgebinde an den hoffentlich kaufwilligen Weinhandel, wobei auch hier einige Unsicherheiten, vor allem preislicher Natur sowie dem richtigen Zeitpunkt für den Verkauf bestanden.

Die dritte Gruppe war die arbeitsintensivste. Es waren dies die Selbstvermarkter. Der Wein wurde zur Gänze selbst eingefüllt, flaschenfertig hergerichtet, vorwiegend in 2-Liter-Flaschen gefüllt und meistens mit Kombifahrzeugen oder kleinen Lastwagen zu den Kunden ausgeliefert. Die Zielrichtung war ausschließlich westwärts, da der Osten durch den „Eisernen Vorhang", also der ungarischen Grenze, für den Weinhandel praktisch geschlossen war. Manche Winzer fuhren bis nach Deutschland, vorwiegend nach Bayern. Interessanterweise ergaben sich, je nach Ortschaft, Schwerpunkte. Gols war die größte Weinbaugemeinde und hatte auch die eifrigsten Selbstvermarkter.

Diese fanden sich natürlich in jeder Ortschaft. Auch Mischformen waren vorhanden. Die Selbstvermarkter machten alles selbst, wie die Vergärung des Weines, den Abzug vom Geläger, die Prüfung des Weines auf Flaschenstabilität, Vorfiltration und Filtration mit Abfüllung vorwiegend in 2 l-Flaschen. Die kleinere 0,7-Liter-Flasche wurde damals noch seltener befüllt. Fast jeder hatte kleine Waschvorrichtungen. Das Ritual lief oft so ab: vormittags wurden die Flaschen gewaschen und anschließend sofort abgefüllt. An Kunden in der Nähe wurde anschließend sofort ausgeliefert, die entfernteren Kunden am nächsten Tag. Viele Betriebe bewältigten das alles oft nur mit 2 bis 3 Personen.

Dieses Arbeitspensum grenzte an Schwerarbeit, wenn man Weingartenpflege, Kellerarbeiten samt Flaschenfüllung und Zustellung zum Kunden bedenkt, wobei von der Bürokratie noch gar nicht die Rede ist. Ich würde es beim Sport mit einem Zehnkämpfer vergleichen.

Ich erwähnte bereits, dass viele Betriebe mit den Süßweinen vielfach nicht zurechtkamen. Immer wieder verursachte ein Mangel an Hygiene Nachgärungen, Probleme mit den Schwefelhöchstwerten, nicht nur im Fass, sondern auch in der Flasche. Diesbezüglich etablierten sich dann Füllbetriebe, die diese Arbeit verlässlich und hygienisch einwandfrei mit geschultem Personal ausführten. Es gab schon Abfüller, die mit ihren Geräten direkt ins Haus kamen, dadurch entfiel der Weintransport. Der Winzer musste nur seinen Wein füllfertig vorbereiten und die Flaschen besorgen.

Eine weitere kleine Weingeschichte

Die Freistadt Rust ist eine der bedeutendste Weinbaugemeinden des Burgenlandes mit jahrhundertelanger Weinbautradition und gleichzeitig eine der schönsten Fremdenverkehrsgemeinden. Viele bedeutende Winzer haben sich dementsprechende auf die jedes Jahr erscheinenden Gäste eingestellt.

Einer ist dabei besonders aufgefallen – Lazi-Bacsi, Ladislaus Wenzel mit vollem Namen. Man würde heute sagen: ein Sonderling. Eine seiner Spezialitäten war das Spielen mit dem Tarogato, eine ungarische Hirtenflöte, ähnlich der Klarinette, jedoch mit einem sehr großen Schalltrichter und einem außergewöhnlich durchdringenden Ton, der kilometerweit zu hören ist.

Wenn neue Gäste in sein Haus kamen, ging Lazi-Bacsi in seinen Weinkeller, um dort in eine, für diesen Zweck leer gelassene Weinzisterne, hineinzublasen. Die schallmaienhaften Klänge erfreuten die Gäste zur Begrüßung.

Mitte Feber belebte sich entgegen allen Erwartungen das Weingeschäft. Sowohl Normalwein als auch Weine besonderer Leseart waren sehr gefragt. Ende Feber gab es einen kräftigen Nachwinter, nachdem vorher schon mildere Temperaturen zu verzeichnen waren. Wir hatten Temperaturen bis -15°C. Die meisten Betriebe waren mit dem Rebschnitt schon fertig.

Am 28. und 29. April 1971 traten in der Nacht Frosttemperaturen auf, wobei vor allem die Weingärten in den tieferen Lagen betroffen waren. Die neuen Triebe dort wurden schwarz und fielen ab. Manche Reben wuchsen durch diesen Schock nicht mehr weiter. Rebenanlagen mit vormals Trockenschaden oder Überbehang waren davon besonders betroffen. Auch in dem Jahr gab es wieder einen starken Milbenbefall.

Am 11. und 12. Juni herrschten starke Unwetter mit Hagelschlag mit breitflächigem Auftreten in mehreren Ortschaften. Im Frühjahr gab es starke Chlorosen, wodurch es zu leichteren Verrieselungen kam. Die betroffenen Weingärten wurden aber im Juli wieder grün und es kamen auch kaum andere Krankheiten dazu. Sobald es im Sommer warm wurde, fingen in vielen Kellern die Süßweine an zu gären. Viele Winzer kamen mit diesen Weinen noch immer nicht zurecht. Im August stiegen die Temperaturen fast wüstenhaft auf bis zu 38°C. Starke Trockenschäden waren die Folge. Die Frühsorte Perle von Csaba war Mitte August schon vollreif. Eine frühe Ernte kündigte sich an. Um den 20. September gab es endlich zweimal 10 bis 20 mm Reiferegen. Der Muskat war zwar etwas verrieselt aber dafür wurden die einzelnen Beeren viel größer. Diese Sorte war in dem Jahr ein Sonderfall durch außergewöhnlich reife Trauben. Normalerweise bekommt der Muskat Ottonel kaum mehr als 16 bis 17°KMW bis zur Primärreife und hat bei etwas stärkerem Behang auch nicht immer das ideale Aroma. In dem Jahr jedoch waren die Trauben bereits Ende August durchwegs vollreif mit Werten bis 19°KMW und einem besonders faszinierend intensiven Bukett. Auffällig war die außergewöhnliche Disziplin unserer Winzer, mit der Ernte zuzuwarten, obwohl die Reife schon weit fortgeschritten war. Anscheinend war das eine erste Änderung der bisherigen Lesegewohnheiten.

Der Winzer Johann Lang aus Podersdorf reichte seine Müller-Thurgau-Trockenbeerenauslese aus dem Jahr 1967 zur Beurteilung bei der Internationalen Weinprämierung in Budapest ein und wurde mit der „Großen Goldmedaille“ als Bester und „Weltmeister“ ausgezeichnet. Dies war ein grandioser Erfolg für einen eher kleinen und einfachen Weinbaubetrieb und ließ Optimismus für die Zukunft aufkommen.

Die Weinernte 1971 begann Mitte September, wobei die Aussicht auf höhere Zuckerwerte bis zur Auslese durchaus vorhanden war, was sich später auch bestätigte. Auffallend war bei der Ernte besonders der Muskat Ottonel mit noch nie erreichten Zuckergraden um 20°KMW bei der Primärreife und einem sagenhaften Aroma, auch bei den Süßweinen. Am 7. Oktober kam es zu einem leichten Nachtfrost ohne starke Auswirkungen.

Die höchsten Qualitätsprodukte waren in diesem Jahr Beerenauslesen vom Weißburgunder bei Stefan Haller in Mönchhof, Sauvignon Blanc bei Susanne Beck in Gols, außerdem Weißburgunder, Ruländer und Ruländer-Trockenbeerenauslese von Alexander Steiner in Podersdorf und eine Trockenbeerenauslese bei Josef Tschida aus Illmitz. (Genaueres dazu steht in meinem ersten Buch "30 Jahre Weinerlebnis").

Eine echte Sensation hat sich erstmals in Mönchhof ereignet. Ende November hatten wir einen Frosttag mit – 8°C, den der Winzer Hafner Julius aus Mönchhof prompt nutzte, um den ersten Eiswein im Burgenland mit 32° KM zu ernten – eine weitere neue Weinkategorie bei den Prädikatsweinen. Bei zwei anderen Winzern, die ebenfalls Eiswein ernten wollten, ging das

Vorhaben leider schief. Bei Bürgermeister Peck in Andau haben die Rehe vorzeitig alles abgefressen und beim Winzer Hermann Leeb in Winden bedienten sich vorzeitig die „Krametzvögel“ (auch Wacholderdrosseln genannt).
Die Gesamternte brachte kaum mehr als die Hälfte des Vorjahres, wodurch der Fassweinpreis erfreulicherweise stärker angestiegen ist.
Bei Weißweinen gab es bei etlichen Winzern einen unerwünschten Säureabbau durch Milchsäurebakterien und sogar manchmal auch einen Säuresturz. Wahrscheinlich war das eine Nachwirkung der extrem warmen Sommertemperaturen, wodurch die Säurewerte der Trauben stark vermindert waren.
Mitte November fiel der erste Schnee und nach dem Eiswein Anfang Dezember wurde es fast frühlinghaft warm. Dies könnte einer der Gründe dafür gewesen sein, dass die Auslesen kaum zu bremsen waren und reihenweise durchgärten. Es wird unbedingt nötig sein, die Moste ordentlich trubfrei zu machen und dann mit gekühlter Gärung weiterzuarbeiten. Auch Reinzuchthefen trugen kaum zur Verbesserung der Situation bei.

10 Jahre „Stainer-Beratung“

- eine kleine Rückschau – was hat sich alles verändert?

Es waren nun bereits 10 Jahre vergangen, seit ich im Seewinkel als Weinbauberater tätig wurde. Rückblickend war ich anfangs eher schüchtern und suchte nach Schwerpunkten für meine Arbeit und Anliegen im Weinbau. Dann setzte ich mir Ziele und erkannte den großen Nachholbedarf auf verschiedenen Gebieten, dem ich punktuell auf die Sprünge helfen wollte. Zunächst brauchte ich Kontakte, die mir über die Weinuntersuchung und die winterlichen Ortsweinkosten gelangen. Der zu hohe Alkoholgehalt durch übermäßige Zuckerzugaben zum Most war eine echte Herausforderung mit einer zu diesem Zeitpunkt kaum erkennbaren Aussicht auf Erfolg.
Ich war weiterhin der Meinung, Moste mit 17 bis 18°KMW können ganz ohne Zuckerung großartige Weine ergeben. Aber angesichts der vorherrschenden Situation mit Weinen bis 14 Vol% Alkohol musste man den Realitäten Rechnung tragen. So legte ich die Latte zunächst auf realistische 19°KMW als umsetzbar fest. Eine einmal eingeführte Gewohnheit zu ändern, ist eine echte Herkulesarbeit und innerhalb kurzer Zeit nicht zu schaffen. Dennoch gelang es mir schon in den ersten Jahren, einige Winzer zu überzeugen, ihre

Weine naturrein zu belassen und das Vorbild setzte sich durch, wenn auch vorerst in bescheidenem Ausmaß.
Rückblickend kann man sagen, in diesen 10 Jahren bewegte sich enorm viel. Der Fassungsraum wurde durch etliche 100.000 hl stark vergrößert, zuerst durch günstigere Kunststoff- und später durch Edelstahltanks. Die technischen Ausrüstungen wurden laufend verbessert, insbesondere die Filter wurden immer besser und leistungsfähiger.
Man kann ohne Übertreibung feststellen, in dieser Zeit fand im Weinbau eine echte Revolution statt, besonders im Vergleich zu meinen Anfängen 1961. Es war eine gute Zusammenarbeit. Einerseits waren unsere Winzer intelligent genug, um im richtigen Moment die nötigen Maßnahmen zu setzen und natürlich profitierte ich ebenfalls von ihren Aktivitäten. Empfehlungen waren umzusetzen und die Ergebnisse hielten so manche Überraschung bereit. Es lag an mir, die erfolgreichen Maßnahmen von den falschen zu trennen und die richtigen Erkenntnisse aufzuarbeiten und weiterzugeben.
Es war eine enorme Bereicherung für den Weinbau, die Winzer dazu zu bringen, höhere Prädikatsweine zu erzeugen. Diese Tatsache zeigte, wir leben in einem der besten Weingebiete - wenn nicht dem besten - der Welt, in dem es möglich ist, jede Art von Weinqualität zu erzeugen, was in den meisten anderen Weingebieten eben nicht möglich ist. Die Behandlung dieser Weine erfordert intelligente Methoden, was wiederum eine große Herausforderung für die Erhaltung der Qualität bedeutet. Deren Bewältigung innerhalb weniger Jahre gelang durch den Fortschritt, der in den Weinkellern der einzelnen Betriebe stattfand.
Wie erwähnt beklagte ich in den ersten Jahren das Problem zu früher Weinernten und dadurch zu geringer Zuckergrade. Das hat sich um Klassen verbessert und ist heute eigentlich kein Thema mehr. Diese Erfahrungen gaben mir die Kraft für die Zukunft. In meinem Bestreben zur Verbesserung der Weinqualität nicht nachzulassen, widmete ich mich weiteren Aufgaben, insbesondere dem Rotwein. Dieser wurde in einem Weißweingebiet als Stiefkind angesehen und konnte damals fachlich noch als echte Baustelle bezeichnet werden. Die Säure wurde durchwegs mit Doppelsalzentsäuerung reguliert und bei zu geringer Farbe mit ausländischem „Vino Tinto" nachgefärbt. Da Klosterneuburg stereotyp an der Behandlung mit Entsäuerungskalk bei Rotwein festhielt, hatte ich ständig Probleme mit meinem Weinbaudirektor Ing. Deutsch in Eisenstadt. Er vertrat die Klosterneuburger Meinung, womit ich aber nicht immer einverstanden war. Beim Rotwein sagte mir ein biologischer Säureabbau für die Weinqualität

wesentlich besser zu und so stieß ich auf Unverständnis. Da die Selbstvermarkter in ihrem Weinangebot aber auch einen guten Rotwein haben sollten und nicht nur einen „Roten Wein", sah ich hier einen potenziellen Nachholbedarf und sollte mich in Zukunft diesem Aspekt etwas stärker widmen.

Für den Sommer kündigte sich wieder die Situation „Trockene Keller" an mit zu wenig Wein im Lager der Selbstvermarkter und der voraussichtlichen Suche nach jedem verfügbaren Liter Wein.

Am 7. Juli 1972 erlebten wir einen Temperatursturz von 33°C auf 13°C in der Nacht, gefolgt von kühlem Regenwetter. In diesem Jahr verbreitete sich die Peronospora besonders stark. Podersdorf wurde von einem leichten Hagelschlag getroffen. In eng bepflanzten Weinbergen gab es reichlich Oidium (Mehltau), was durch anhaltende Regenfälle noch verstärkt wurde. In der Landwirtschaft war der Roggen teilweise ausgewachsen und wurde dadurch vielerorts unbrauchbar. Die kühle Sommerwitterung und die ständigen Regenfälle führten zu einer deutlich verzögerten Entwicklung der Reben. Am 24. September hagelte es erneut, diesmal in Gols.

Durch Nachttemperaturen im September von etwa 7°C wurden die Trauben erheblich später reif. Einige Ungeduldige begannen Anfang Oktober mit der Weinernte, bei eher niedrigen Zuckergraden. Innerhalb einer Woche stiegen die Zuckergrade dann um etwa 1,5 bis 2°KMW, zur Freude derer, die abgewartet hatten. Nachttemperaturen von 2 bis 3°C wurden in dieser Zeit gemessen, was ebenfalls zu Reifeverzögerung beitrug.

Gegen Monatsende kam eine starke Frostnacht, wodurch die Blätter alle braun wurden und abfielen. Viele Betriebe warteten noch mit der Weinernte zu, besonders in Mönchhof, und konnten jetzt bei ausreichenden Zuckergraden bequem ernten. Die "Frühen Golser" schickten ihre Leser bereits nach Hause.

Anfang November herrschte schönes und angenehm warmes Wetter (Nachttemperaturen um 13°C). Wie man so schön sagt, "Geduld bringt Rosen". Jetzt gab es viele Weine besonderer Leseart mit schönen Auslesen bis Trockenbeerenauslesen.

Der Weinverkauf setzte früh ein und auch Prädikatsweine fanden ihre Käufer. Normalwein wurde mit S 9,-, Auslesen bis S 13,- und Beerenauslesen bis S 35,- gehandelt, Trockenbeerenauslesen sogar mit um die S 50,- je Liter. Die Keller wurden langsam technisch aufgerüstet. Bei der Behandlung solcher speziellen Weine und um den Restzucker zu erhalten, kamen vorwiegend

Zentrifugen zum Einsatz, wodurch das Bestreben nach Qualitätsverbesserung besser gelang.
Viele Selbstvermarkter verkauften bereits zahlreiche Jungweine. Der Weinpreis in der 2-Liter-Flasche stand damit ziemlich unter Druck. Die Winzer hätten gerne um S 14,- pro Liter verkauft, jedoch gab es ein Überangebot durch billige Importe, und der Konkurrenzpreis lag bei S 11,- pro Liter.
Der Winzer Julius Hafner aus Mönchhof ließ noch 2 Joch (1 Joch=56 Ar) Gewürztraminer für Eiswein stehen. Es kamen jedoch die Wacholderdrosseln und so erntete er sicherheitshalber am 7. Dezember 2.000 kg als Beerenauslese mit 26 KMW. Am 22. Dezember hatte es -8 °C aber wegen des Weihnachtsgeschäfts war keine Zeit zu lesen. Also wurde am 5. Jänner 1.200 kg als Trockenbeerenauslese geerntet, da kaum Aussichten auf Minusgrade bestanden.
Am 5. Feber 1973 wurde ein allgemeines Versammlungsverbot erlassen, da im Bezirk MS (Maul- und Klauenseuche) herrschte. Meine Anmeldungen mehrerer hundert Personen für die Ortsweinkosten und Fortbildungskurse konnte ich vergessen.
Der Weinverkauf stagnierte. Nur einige Spät- und Auslesen bis S 15,- sowie Beerenauslesen bis S 40,- je Liter wurden gekauft. Leider waren etliche Ortschaften fast komplett gesperrt. Überall lagen Seuchenteppiche, über die man fahren musste, sodass auch für mich der Außendienst nur stark eingeschränkt möglich war. Es herrschte ein großer Drang zu Neupflanzungen trotz des Auspflanzverbots, das einfach missachtet wurde.

Wo kommen eigentlich die Reben her?

Hier muss ich etwas ausholen. Früher hat man einfach eine Rebe in die Erde gesteckt und diese bekam Wurzeln und wurde zum Rebstock. Da die Reben in Bodennähe gezogen wurden, bog man auch eine Rebe vom Stock in die Erde bis diese anwurzelte, danach wurde sie am Stock abgeschnitten. Durch den Import von Wildreben aus Amerika wurde im 19. Jahrhundert die Reblaus in Österreich-Ungarn nach Europa eingeschleppt, ausgerechnet vom ersten Leiter der Weinbauschule Klosterneuburg, Direktor Babo. Die Reblaus ist ein Schädling, der in erster Linie die Europäerrebe befiel und durch zwei Generationen, einer oberirdischen an den Blättern sowie einer zweiten an den Wurzeln, diesen Reben nicht die geringste Chance zum Überleben ließ.
Babo bemerkte jedoch die Immunität der amerikanischen Wildreben gegenüber der Wurzelgeneration der Reblaus und hatte die Idee, die

europäische Edelrebe auf diese Wildrebe aufzupfropfen, um so den europäischen Weinbau zu erhalten. Dieses Verfahren wird nach wie vor angewendet. Es war dies die erste biologische, echt wirksame Schädlingsbekämpfung, denn Versuche mit Gift gegen die Reblaus vorzugehen waren kläglich gescheitert.
Zunächst wurde in den Weingegenden Anlagen von Wildreben angelegt und es fanden sich Bauern, die sich mit der Veredlung durch Pfropfen der europäischen Reben auf die amerikanischen Wildreben mit dem Veredlungsmesser einen Zuverdienst schufen. Später entwickelten sich daraus Großbetriebe, die millionenfache Mengen erzeugten. Auch aus der Steiermark wurden viele Reben zu uns angeliefert. Auf diese Art konnten die wertvollen europäischen Rebsorten in ihrer Vielfalt erhalten werden.

Nach Aufhebung von MS 1973

Nach dem Rebenaustrieb zeigte sich in diesem Jahr außergewöhnlich stark die Chlorose. Ganze Rieden waren betroffen. Die Behandlung mit Lanzen und vier Einstichen je Stock mit Sequestren (ein Eisenpräparat) brachte gute Erfolge. Innerhalb von 14 Tagen waren die Reben wieder schön grün.
Während der Blüte im Jahr 1973 gab es einige feuchtkühle Tage, wodurch es beim Grünen Veltliner zu leichten Ausrieselungen kam.
Über den Sommer herrschte in den Weingärten ziemliche Trockenheit. Das Wetter war zwar gut für den Fremdenverkehr, wo ständig Zimmer gesucht wurden, jedoch litten die Weingärten sehr stark. Ab dem 21. September regnete es mehrere Tage lang um die 100 mm, wodurch sich die Reben deutlich erholen konnten, denn die Trockenschäden waren bereits erheblich sichtbar.
Im Seewinkel wurden bereits die Frühsorten geerntet. Die Zuckergrade lagen bei Werten um 17 bis 18°KMW, die Preise lagen bei etwa S 6,50 bis S 7,- pro Kilogramm. Die Trauben aus bewässerten Anlagen waren wesentlich besser ausgeprägt als bei jenen ohne.
Die allgemeine Weinernte startete am 1. Oktober 1973. Die Beeren begannen stark zu faulen und versprachen wieder Beeren- und Trockenbeerenauslesen. Noch immer waren genug Weinbauern skeptisch, ob faule Trauben etwas Schlechtes wären und man deshalb sofort mit der Lese beginnen sollte. Schon am Anfang der Lese waren geringe Erntemengen zu erwarten. Mitte Oktober gab es einen Nachtfrost und viele Blätter waren bereits braun. Gegen Leseende zeigten sich immer mehr Ernten von Prädikatstrauben bis hin zu Trockenbeerenauslesen, auch bei Welschriesling

und bei blauen Sorten, speziell dem Zweigelt. Es gab Einzelfälle mit bis zu 42°KMW. Ende Oktober waren die Trauben größtenteils eingebracht, es war auch schon recht kalt bei leichten Minusgraden. Der Traubenverkauf war eher mäßig, und auch bei den Genossenschaften wurde deutlich weniger angeliefert. Der Winzerverband erwachte plötzlich und bot an, Trockenbeerentrauben für S 25,- pro kg zu kaufen und den Traubensaft daraus für nur S 30,- pro Liter. So ein schlechtes Angebot grenzte eigentlich an Verhöhnung der Weinbauern. Jeder Winzer weiß, dass aus einem Kilogramm Trockenbeerenauslese je nach Gradation höchstens 50 bis 60 % Saftausbeute zu erwarten sind und daher 1 Liter daraus tatsächlich fast das Doppelte des Traubenpreises entspricht.

Bild 7: Apetlon

Das Experiment

Ich unternahm erstmals mit den Funktionären der Winzergenossenschaft in Gols, genauso wie davor in Illmitz, den Versuch, die Winzer zur geordneten Abgabe von ausgesuchten Qualitäten zu bewegen. Dafür sagte ich zu, die Überwachung der notwendigen Arbeiten zu übernehmen. Ein Betreuer seitens der Genossenschaft wurde mir versprochen.
Mehrere Mitglieder der Genossenschaft meldeten sich mit insgesamt 17 Hektar Weingärten, vorwiegend mit der Sorte Gewürztraminer, an und wurden von mir mehrmals begutachtet, um den günstigsten Lesezeitpunkt zu ermitteln. Alle Winzer hielten sich an die Vereinbarungen und so konnten zwar etwas weniger Auslesen, dafür aber umso mehr Beerenauslesen und etwa 6000 l Trockenbeerenauslese eingebracht werden.

Bald mehrten sich meine Bedenken, ob diese Aktion überhaupt erfolgreich verlaufen würde. Die Genossenschaft arbeitete äußerst primitiv. Das Gebäude wurde an einem Hang errichtet. Die Anlieferung der Trauben erfolgte oben auf offenem Schotterboden. Die Trauben rutschten 5 Meter nach unten in den Rebler und von dort weiter zur Presse. Zum Schluss wurde der Saft in die Auffangbehälter geleitet. Da meiner Ansicht nach die Beeren- und Trockenbeerenauslesen unbedingt nach dem Rebeln zwei Tage eingeweicht bleiben sollten bis zum Pressen – was unter diesen Umständen nicht möglich war – musste auf meine Anordnung hin, die ganze Masse wieder nach oben in die mit Planen ausgestatteten Anhänger gepumpt werden. Dadurch konnten die Trauben schöner auslaugen, um an Qualität zulegen zu können. Außerdem ging der Pressvorgang wesentlich besser unter vermehrter Abgabe von Zucker und Extrakt vonstatten. Nach diesen zwei Tagen unter kühlen Temperaturen, wurde die Maische wieder nach unten in die Presse gebracht und abgepresst. Das lief glücklicherweise alles halbwegs erfolgreich und wunschgemäß ab. Ich kam öfter vorbei, um den Ablauf der Gärung zu kontrollieren, auch am Wochenende, damit hier möglichst keine Fehler auftraten. Der Betreuer der Genossenschaft war so gut wie ständig abwesend und quasi „unsichtbar“. Mit Leihgeräten konnte die Gärunterbrechung und Grobfiltration zur Erhaltung des nötigen Restzuckers sowie die Verhinderung zu hoher Alkoholwerte, mit vielen Schwierigkeiten aber doch halbwegs wunschgemäß, durchgeführt werden.
Der Wein wurde im Frühsommer 1974 an die Firma Lenz Moser zu einem sehr guten Preis verkauft. Von den teilnehmenden Weinbauern kam später die Rückmeldung: „Einen so guten Preis hätten sie für ihre Trauben noch nie erhalten“.
Ich wollte damit nur unter Beweis stellen, dass bei entsprechender kellertechnischer Behandlung der Trauben, sowohl qualitativ als auch kommerziell, bei den Winzergenossenschaften wesentlich mehr zu erreichen wäre. Die bisherige Arbeitsweise mit unregulierter Traubenübernahme und Weinerzeugung sowie dem Verkauf eines gemischten Weines konnte nicht zu befriedigenden Erfolgen führen. Ich sollte Recht behalten.
Anfang Dezember 1973 gab es Nachtfröste bei -17°C. Es dürften keine größeren Schäden entstanden sein, da anschließend eine Wärmeperiode einsetzte. Im Jänner kam das Weingeschäft zum Erliegen und einige Weinbauern wurden nervös, da der Weinhandel zu dieser Zeit traditionell eingekauft hatte. Weinimporte wurden jedoch freigegeben und die Händler ergriffen die Gelegenheit, zu deutlich niedrigeren Preisen im Ausland

einzukaufen. Im Feber kaufte die Firma Lenz Moser Spätlesen bis Beerenauslesen, während Normalwein nicht gefragt war. Bei Prädikatsweinen traten vermehrt Nachgärungen im Fass auf und einige waren überschwefelt, wodurch sie nicht mehr verkehrsfähig waren.

Der Schwefel – ein heikles Thema

Da über das Thema Schwefel zu wenig bekannt ist, möchte ich jetzt einige Informationen dazu geben.
Seit mehr als 100 Jahren wird Schwefel in der Kellerwirtschaft als Reduktionsmittel eingesetzt, um die Oxidation des Weines zu verhindern. Nach dem Krieg wurde noch der sogenannte Einschlagschwefel verwendet, Trägerstreifen, die in Schwefel getaucht und dann getrocknet wurden. Diese Schwefelschnitten wurden im Fass angezündet, wodurch der Schwefel gasförmig austrat und während des Umfüllens vom einfließenden Wein aufgenommen wurde. Heute wird vorwiegend Schwefeldioxid (SO_2) unter Druck verflüssigt und direkt dem Wein hinzugefügt. Dann gibt es noch eine pulverisierte Form namens Kaliumpyrosulfit, die eher von Kleinwinzern in kleinen Säckchen oder lose verwendet wird. Dieses Pulver ist an Kalium gebunden und 10 Gramm davon entsprechen 50 mg SO_2. Die Handhabung erfordert das vollständige Auflösen des Pulvers im Wein und Vermischen durch Schütteln und Rühren mit Rührwerken. Ascorbinsäure (Vitamin C) kann einen Teil der benötigten Schwefelmenge ersetzen, jedoch nicht vollständig. Heute wird Ozon als vielversprechende Alternative betrachtet, ist aber noch wenig bekannt, obwohl es bereits erfolgreich in Amerika eingesetzt wird.

Weiter geht es mit dem Jahr 1974. Am 15. Jänner gab es starken Raureif, die Äste waren dick mit Eis überzogen. Am 17. Jänner wurde es wieder wärmer aber die befürchteten Frostschäden gab es nicht. Die Lust zum Auspflanzen war im Frühjahr groß aber das Lagerhaus hatte den benötigten Dünger von Phosphor und Kalium nicht vorrätig. Der Winter war auffallend mild. Im Frühjahr war es bereits warm, wodurch die Vegetation schon weit fortgeschritten war. Die Kirschen blühten bereits und die Reben trieben aus. Nach einem trockenen Monat begann es bei niedrigeren Temperaturen zu regnen. Die kühlen Temperaturen führten zu einem verzögerten Austrieb und einem vermehrten Milbenbefall. Darüber hinaus stellten viele Winzer im Frühjahr vermehrten Wildverbiss in Jungweinanlagen fest, sowohl durch Feldhasen als auch durch Rehe. Das Weingeschäft kam wieder in Schwung und die Firma Lenz Moser bezahlte für Normalweine S 7,50 bis S 8,- je Liter. Prädikatsweine waren weniger gefragt.

Endlich wurde es warm. Mitte Juni gab es zwischen Neusiedl und Gols einen enormen Wolkenbruch, bei dem in manchen Weingärten unterhalb der Straße das Wasser bis zu 1 Meter hochstand. Zudem gab es etwas Hagel. Die Blüte begann zaghaft und einige Weingärten wurden durch Chlorose auffällig gelb. Zwei Tage nach dem Unwetter gab es in Gols erneut ein größeres Unwetter, bei dem das Wasser wieder bis zu 1,5 Meter hoch in den Weingärten stand.

Vereinzelt wurden Verrieselungen erkennbar und das Wetter zeigte sich äußerst wechselhaft. Der Unterschied zwischen den warmen und kalten Temperaturen führte zu einer leicht verzögerten Entwicklung. Im September zeigte sich deutlich, dass auf Grund gravierender Verrieselungen mit einer kleineren Ernte zu rechnen war. Durch die niedrigen Zuckergrade erwartete man Prädikatsweine nur in bescheidenem Ausmaß. Viele Winzer hatten bereits größere Schwierigkeiten mit dieser Qualitätskategorie, daher war die Lust darauf bei den Erzeugern für einige Zeit ziemlich verflogen.

Die Weinernte 1974 begann Anfang Oktober, die Gradation lag eher niedrig bei 15 bis 16°KMW, wobei die höchsten mit 20°KMW begrenzt waren. Edelfäule war kaum vorhanden. Während der Lese regnete es häufig und die Erntemengen waren ausgesprochen unterdurchschnittlich. Viele Selbstvermarkter mussten schnellstens wieder Jungwein abfüllen, da der alte Wein ausgetrunken war. Spät- und Auslesen gab es nur in sehr bescheidenen Mengen. Um den 20. Oktober war die Weinernte bereits für den Großteil der Weinbauern abgeschlossen.

In diesem Jahr war ein seltenes aber tragisches Naturschauspiel zu beobachten. Ende Oktober bis Ende November waren noch unglaublich viele Schwalben da, die offensichtlich den rechtzeitigen Abflug verpasst hatten und der extrem kalten Witterung ausgesetzt waren. Ein Großteil der netten Vögel verendete.

Auszug aus dem Buch DER WEINSKANDAL von Walter Brüders, Verlag Denkmayr Linz, 1999, Seite 15 Absatz 4-6, Seite 16 Absatz 1-3:

Die staatliche Weinkontrolle

[...] Für die Bewältigung jeglicher Funktionen und auch ihres Pensums ist ein Instrumentarium notwendig, also in erster Linie ein den modernen fachlichen Bedingungen entsprechendes Weingesetz, zweitens ebensolche Prüfanstalten mit den Begutachtungsstellen und drittens hat über allem die Geisteshaltung absoluter Lauterkeit und der Berufsethik zu stehen. Das sind Binsenwahrheiten, doch in der Praxis hapert es eben, wie überall, mehr oder weniger.

Bei der Bloßlegung für die Probleme kommt bald ein breitspuriges Schlagwort vor, das sich „der politische Wille" nennt. Dieser Wille bildet alsbald einen Wall, an dem Legionen von Idealisten, aber auch ganz „normaler" Menschen, bei ihrem Agieren gescheitert sind, ausgeträumt haben, wie feindselig bemerkt wird, und ihre Vorstellungen endgültig zu Grabe tragen müssen.

Das Furchtbare an diesem politischen Willen ist seine nur dem Opportunismus huldigende Ansicht, mit der die Kurzsichtigkeit zu allen Aspekten jede vernünftige Planung stört und sie letztlich verhindert. Demnach geben sich hier Verzögerer und Verhinderer die Hände, jeder geschmückt mit der Feder einer Pseudoliberalität am Hut oder sonstiger weinerlicher Mitleidsphilosophien.

Der Kellereiinspektor kann davon ein Lied singen, oft von nicht wenigen Strophen. Welche dienstlichen Vorgaben er immer erhält, stets sind sie von allen Seiten zäh errungene Kompromisse, ausgehandelt unter Interessensgruppen, im legendären Stil des Kuhhandels. Die Weingesetze bis zum Jahr 1985 waren primär Wirtschaftsgesetze, die vor allem den lauteren Ablauf von Produktion und Handel garantieren sollten. Der Gedanke des Konsumentenschutzes ist mit den strengen Bezeichnungsregeln erst ab diesem Zeitpunkt eingeflossen und ein wichtiger Bestandteil des Weinrechtes geworden.

In diesem gesetzlichen Umfeld und herrschender Geisteshaltung vegetierte die Weinwirtschaft in den Jahren vor 1985 dahin. Bereits 1970 wurde die Lage prekär, denn immer öfter wurden Vermutungen wahrgenommen, dass nicht alles zum Besten steht. 1973 kam es zur Einführung des Weingütesiegels. Der Inlandsmarkt konnte sich dieser Kontrolleinrichtung zunächst freiwillig bedienen, für die Exportgeschäfte wurde sie Pflicht. Das Gütesiegel sollte eine Verschärfung der Kontrolle bringen, der Kellereiinspektion klar, dass besonders auf dem Sektor Prädikatswein sogenannte Pseudoprodukte den Weg, vornehmlich nach Deutschland, nahmen. Diese, nach allen Richtungen hin korrigierten Weine waren allein schon durch den von den Einkäufern verlangten enorm hohen Zuckerrest für den Handel und schließlich auch für den Konsumenten verlockend, selbstverständlich ab Österreich preislich für einen Pappenstiel zu erwerben. […]

Auszug aus dem Buch DER WEINSKANDAL von Walter Brüders, Verlag Denkmayr Linz, 1999, Seite 20, Absatz 2-4, Seite 21 Absatz 1

[…] Der Gesetzespassus, wonach eine beabsichtigte Prädikatsweinernte spätestens vor Beginn der Hauptlese der Bezirksverwaltungsbehörde anzuzeigen sei, wurde mit einer weiteren Novelle 1976 verbessert. Ab nun war die Absichtsmeldung am Tag der Ernte bis 9 Uhr der Gemeinde, in der die Weingartenfläche liegt, zu melden. Damit war vorerst einmal feststellbar, wer, wo und was zu kontrollieren sei. Das war ein großer Fortschritt, der enorme organisatorische Erleichterungen brachte. Die Hilfsorgane (Mostwäger) unterstanden dem Landeshauptmann. In diesem Zeitraum wurden noch viele Messungen im sogenannten „Nachlaufverfahren" vorgenommen. Das heißt, die Mostwäger suchten den Verarbeitungsbetrieb auf, wo sie die in loser Schüttung befindlichen Trauben zu beurteilen hatten. Das war äußerst zeitaufwendig. Die zentralen Vorführplätze begannen sich zu entwickeln.

Inzwischen war der gesamten Weinwirtschaft klar geworden, welch große wirtschaftliche Bedeutung sich hier anbahnt. Selbstverständlich ist die Prädikatsweinernte sehr stark jahrgangsabhängig. Trotzdem sind die Erntemengen allein im Burgenland aufschlussreich.
1969 wurden 5 Millionen Liter, 1977 bereits 20 Millionen Liter geerntet. Daher musste ganz einfach eine gesetzlich organisierte Kontrolleinrichtung entstehen, weil wie schon bekannt, die Anfälligkeit für Nachahmungen besonders gegeben ist. Mit der Lese 1978 war es dann soweit. Noch war das Lager zwischen Befürwortern und Gegnern tief gespalten. Die Gegner, einschließlich einer übersensiblen Gruppe von Beamten im federführenden Landwirtschaftsministerium, befürchteten ein Zusammenbrechen der Abläufe im organisatorischen Bereich. Ein weiteres Argument war das der Unzumutbarkeit. Von Selbstkontrolle und Disziplin wurde gesprochen und

dass der Staat sich nicht überall einzumengen hätte. Dann gab es noch jenen Kreis, der mit berechnender Kaltschnäuzigkeit bereits jene Chancen kalkulierte, die durch Hintergehung bei Produktion, Bezeichnung und Irreführung der Behörden zu erzielen wären. Im Seewinkel war bereits eine Anzahl von Betrieben bekannt, die eine militante Ablehnungsbewegung ins Leben rufen wollte [...]

Bild 8: Oggau

Anfang November wurde erneut das Gesetz gegen Neuauspflanzungen verhandelt und am 13. November im Landtag in der neuen Fassung beschlossen. Die Bundesregierung hatte dies im Zusammenhang mit der Zahlung von 40 Millionen Schilling für den Weinwirtschaftsfond gefordert. Das Gesetz galt ab Anfang des Jahres 1975. Indessen wurde wieder verstärkt neu bepflanzt. In Gols war der Rigolpflug für 14 Tage im Voraus ausgebucht. Ein Betrieb aus Podersdorf pflanzte angeblich 12 ha auf einen Schlag aus und in Pamhagen wurde eine kleine Riede komplett von den Besitzern von Ackerland zu einem Weingarten umfunktioniert, da laut Eintrag in der Landkarte dort die „Weinstraße“ eingezeichnet war. Es wurden Strafen in Höhe von 30.000 Schilling je ha für widerrechtliche Auspflanzungen ausgesprochen, welche die Weinbauern umgehend beeinspruchten. Durch das neue Gesetz konnten Dauerstrafen bis zu 50.000 Schilling je Hektar verhängt werden, so lange, bis der Weingarten gerodet wurde.

Ich erwartete für 1975 eine größere Ernte. Die Reben konnten sich nach geringen Ernten erholen. Es gab viele Irxen, was auf einen hohen Fruchtansatz hinwies. Außerdem war eine größere Ernte schon überfällig. Ich riet zur Anschaffung von neuem Fassungsraum, nicht nur weil die Stahltanks zu dem Zeitpunkt besonders preiswert waren.

Der Winter verlief relativ mild. Die Strafen für verbotene Auspflanzungen von Reben wurden von S 1,- auf S 0,70 pro Quadratmeter herabgesetzt. In Pamhagen gab es starken Widerstand und die Politiker wurden zur demnächst fälligen Exekution eingeladen. Es roch nach „Bauernaufstand". Nicht mehr als zehn Winzer hatten bislang einen Bescheid erhalten und die Schwindeleien nahmen sichtlich zu.

Am 10. März 1975 blühten schon die Mandeln. Es herrschte schönes Frühlingswetter, nur der Regen ließ schon länger auf sich warten. Die Nachfrage nach Prädikatswein stieg enorm, es gab aber im letzten Jahr nur wenig davon. Eine Traminer Beerenauslese wurde mit S 50,- je Liter gekauft. Normalwein war gar nicht gefragt, da größere Mengen Wein aus dem Ausland für den Import freigegeben wurden. Ab April wurde das Normalweingeschäft etwas belebt. Die Vorräte waren jedoch durchwegs überschaubar und eher als gering zu bezeichnen. Spätlesen wurden mit S 18,- und Auslesen bis S 25,- gehandelt. Es dürfte zu ersten Fälschungen gekommen sein. Ein Weinhändler in Mönchhof zahlte angeblich S 5,- pro Liter mit „Papieren" (Nachweis für die Anmeldung von Prädikatstrauben). In Mönchhof fuhr ein als ziemlich wilder Geselle bekannter Weinbauer angeblich mit dem Zuckersack zum Weinverladen und beim Abladen war dann eine „Spätlese" daraus geworden. Es schien, als könnte man gegen solche Machenschaften kaum etwas tun. Auf jeden Fall bahnte sich ein Problem größeren Ausmaßes an.

Die Weinverkaufspreise waren generell stabil, auch bei den Selbstvermarktern. Die 2-Liter-Flasche kostet S 32,-, womit die meisten zufrieden waren. Der Austrieb im Mai zeigte zwei sehr schöne große Gescheine, manchmal auch drei. Die Selbstvermarkter hatten schon wieder zu wenig Weinreserven und waren ständig auf der Suche für Nachschub. Die Blüte war gut durchgekommen, es kündigte sich eine gute Mengenernte an, wenn auch kein Rekord. Das Juliwetter war sehr schlecht. Es regnete fast ununterbrochen bei Nachttemperaturen um die 10°C. Die Gesamtmenge der Niederschläge lag bei 165 mm. Im Juli und August traten extrem stark Oidium und Peronospora auf. Oft wurde mit zu geringem Spritzmittelaufwand gearbeitet. Die Weingärten zeigten infolge der üppigen Sommerregenfälle eine enorme Wuchskraft, sodass oft mehrmals gestutzt werden musste. In diesem Jahr trat für die Selbstvermarkter ein seltenes Phänomen auf. Ihnen ging praktisch der Wein komplett aus und sie konnten nicht mehr liefern. Oft sperrte man das Tor zu, um unangenehmen Fragen aus dem Weg zu gehen.

Auszug aus dem Buch DER WEINSKANDAL von Walter Brüders, Verlag Denkmayr Linz, 1999, Seite 23, Absatz 1-4

Was brachte die Mostwägerei?

[...] Ganz konkret eine Verbesserung, hin zum Idealfall. Nach 1985 wurde die Mostwägerei ja wieder aufgegriffen und weiter modifiziert.

Nun liegen die auf die geschilderte Weise kontrollierten Weine in den Kellern und erwarten ihre eigentliche Inverkehrsetzung. Was musste bisher alles erfüllt sein, um z,B. die „Spätlese“ als solche auch verkaufen zu dürfen?

Zuallererst hatte der Weinbauer eine Absichtsmeldung abzugeben. In dieser Meldung musste die angegebene Sorte, die Grundstücksbezeichnung und die Größe der Parzelle aufscheinen. Aufgrunddessen erfolgte die Kontrolle. War sie positiv, hatte nach der Ernte eine Mengenmeldung an die zuständige Bezirksverwaltungsbehörde zu ergehen. Diese wiederum war dann die Grundlage für die Ausstellung einer Amtsbestätigung. In dieser erschien der Besitzer, die Menge, die Sorte und die entsprechende Prädikatsstufe. Sie war auch ein Erfordernis für den Export dieser Weine. Und genau da setzte ein gewisses Durcheinander ein. Die Amtsbestätigung wechselte beim Weineinkauf durch den Handel etc. den neuen Besitzer. Wurden Mengen unter der Gesamtmengenbestätigung verkauft, sollte ein Abschreibeverfahren erfolgen, das aber letztlich nicht in der Praxis zu kontrollieren war. Dazu kam, dass im Inlandsverkauf keinerlei Papier vonnöten war. Diese „überflüssigen“ Papiere wechselten ebenfalls ihren Besitzer, und es bildete sich neben dem Weinhandel bald ein „Papierhandel“, um die fehlende Deckung im Nachweis auszugleichen.

Insgesamt florierte die Ausfuhr nach Deutschland, doch die Preise begannen sich stetig nach unten zu bewegen. Der deutsche Importeur war zumindest sehr vertrauensselig, die Preisvorstellung war alles. Das beflügelte wiederum die Hersteller der Pseudoprodukte – um sie nicht gleich direkt zu benennen -. Sie verwendeten im günstigsten Fall Normalweine plus Zucker plus

extrakterhöhende Mittel, um in erster Linie bei der Prüfung die Hürde der chemischen Untersuchung zu nehmen. Der Fremdzuckernachweis, bis heute noch ein ungelöstes Problem, beruhigte die Gemüter. Bei der Extrakterhöhung war die Angelegenheit wesentlich kritischer. Die Feststellung des Glyzeringehaltes war obligatorisch und sein Verhältnis zum Alkoholgehalt hatte seine Grenzen. Demnach schied ein Glyzerinzusatz als „taugliches" Mittel in der erforderlichen Menge aus. Die Fälscher sannen nach...
Stärkesirup bewegte auch die Szene, doch hier bahnte sich ein Nachweisverfahren an, das bald die Runde machte. [...]

~~~~~~

Mitte September 1975 wurde starke Grünfäule konstatiert. Da diese sich mit Botrytisedelfäule mischen würden, hätten die Trauben jetzt abgeschnitten werden müssen, was leider die Wenigsten auch taten. Das sollte viele unreine Weine zur Folge haben. Durch ihre Unflexibilität waren die Winzer kaum zum Ausschneiden der grünfaulen Trauben zu bewegen. Einige Ungeduldige begannen sogar mit der Weinernte, mussten aber bald wegen zu niedriger Zuckergrade wieder aufhören. Gegen Ende September gab es kein Halten mehr, die allgemeine Lese begann, obwohl die Zuckergrade noch viel zu niedrig waren. Das Wetter war sehr kühl und die Reife dementsprechend stark verzögert. Für viele Weinbauern war der Begriff „Qualität" immer noch ein Fremdwort und auch bei den Einkäufern gab es wenig Anzeichen dafür, dass sie diese genügend schätzten.

Anfang Oktober waren die Temperaturen fast sommerlich. Das bedeutete Labsal für die Geduldigen, da die Zuckergrade schön zugenommen hatten. Riesige Starenschwärme machten den Winzern allerdings das Leben schwer. Die Schäden durch die einfallenden Traubenräuber waren groß.

Im niederösterreichischen Wienerwald hob der dortige Kellereiinspektor eine illegale „Weinfabrik" aus. Innerhalb weniger Tage entstanden aus Wasser und Zucker mehrere 100 hl gefälschten Weines. Man hatte sich durchaus gewundert, wie so mancher Weinhändler große Mengen Wein verkaufen konnte, obwohl er nur wenig offiziell zugekauft hatte.

Die Weinernte wurde ohne größere Schwierigkeiten bewältigt. Die Mengen waren durchschnittlich, die Gradationen lagen jedoch etwas tief. Die Preise waren weitgehend zufriedenstellend. Die Bemühungen für Prädikatsweine wurden nicht immer belohnt, da die Witterung nicht mitspielte und die
~~~~~~

niedrigen Temperaturen gegen Ende Oktober (wie im Kühlschrank) höhere Zuckergrade verhinderten. Gegen Ende November war Eisweinwetter. Dieses nutzten Georg Weiss in Gols und Andreas Anscheringer in Breitenbrunn zu Produkten mit 29°KMW. Am 24. November erntete jemand bei -5°C seine Trauben und fragte mich, ob das ein Eiswein sei, was ich entschieden verneinen musste. Ich klärte ihn auf: „Wenn die Trauben im Kübel nicht scheppern, dann wird das kein Eiswein.“ Für Eiswein bedarf es mindestens -7°C und die Trauben müssen hart gefroren sein.

Die Weingärung setzte durch die hohen Erntetemperaturen prompt ein. Die Betriebe, die mit Prädikatsweinen schon ausreichend Routine hatten, erzielten sehr schöne Produkte, bis hin zu Trockenbeerenauslesen. Die warme Temperatur trug auch dazu bei, dass die Fässer durch zu stürmische Gärung übergingen. Die produzierten Weine waren nicht besonders ausdrucksvoll und manchmal ausgesprochen fehlerhaft, schimmlig bis zum Essigstich. Weiters wurden auch viele „Böckser“ registriert.

Während der Ernte sollte sich in Apetlon ein äußerst bedenklicher Fall abgespielt haben. Ein Winzer wurde unverrichteter Dinge von der Waage der Winzergenossenschaft weggeschickt, weil er Spätlese mit Zuckergraden niedriger als 19°KMW (es waren nur 17°KMW) abliefern wollte. Ein Händler soll zu ihm gesagt haben: „Bring mir die Papiere, ich kauf sie dir ab“ und übernahm angeblich abseits, auf einem Feldweg und in der Nacht die Trauben. Wenn solche Machenschaften Schule machten, würde der Begriff Spätlese bald gewaltig verwässert werden. Dabei schnitten sich die Winzer ins eigene Fleisch und schadeten sich nur selbst.

Im März 1976 waren Prädikatsweine wieder stark gefragt, nur war das Angebot nicht allzu groß. Spätlesen wurden mit S 14,- Beerenauslesen bis S 40,- pro Liter gehandelt. Der Befall der Reben durch die Rote Spinne war im Frühjahr wieder enorm, besonders bei Müller-Thurgau, Welschriesling und in schwachwachsenden Rebenanlagen. Auch die Chlorosen traten stärker in Erscheinung. Für die Behandlung der Weine aus grünfaulen Trauben vom Vorjahr wurde das Behandlungsmittel Polyklar zugelassen und konnte bei den Weinen eine wesentliche Geschmacksverbesserung bewirken.

Der Juli verzeichnete eine längere Trockenperiode, die deutliche Auswirkungen in den Weingärten hatte. Man muss aber dazu feststellen, dass daran einerseits die örtlichen Verhältnisse mit Schotterböden beteiligt waren, andererseits an genau diesen Orten die falschen Rebsorten gepflanzt waren. Die vom Bundesweinbaupräsident im Frühjahr geäußerte Ankündigung einer Rekordernte sollte auf keinen Fall stattfinden, eher 30 % weniger als im Vorjahr. Solche unqualifizierten Äußerungen waren entbehrlich und trugen nur zur Verwirrung bei.

Anfang September hatten wir einige bescheidene Regenfälle, die den trockengeschädigten Weingärten deutlich halfen. Auch Edelfäule war bereits sichtbar und so konnte wieder mit einer größeren Anzahl von Prädikatsweinen gerechnet werden. Möglicherweise auch mit Trockenbeerenauslese. In den ersten Oktobertagen 1976 erfolgte ein ausgiebiger Reiferegen, worauf die Zuckergrade sich sprunghaft erhöhten. Viel Feuchtigkeit und Nebel in den Weingärten, vorzugsweise in den Morgenstunden, trugen stark zur Bildung von Botrytistrauben mit Edelfäule bei.

Die Weinernte begann um den 4. Oktober. Die Gradationen lagen mit 16°KMW aufwärts sehr schön, was auch für die Prädikatsweine von Bedeutung war. Leider begriffen manche noch immer nicht die richtige Behandlung der Prädikatstrauben. Da wurden zum Beispiel bei den Trauben 22°KMW gemessen, im Fass stellte man dann 21°KMW fest und wenn der Mostwäger nachmessen kam, waren es nur mehr 20°KMW. Die Tatsache, dass diese hohen Zuckergrade in den faulen Trauben enthalten war, hatte sich offenbar noch nicht herumgesprochen. Dieser Zucker kann nur durch Auslaugung (Stehenlassen der gerebelten Maische über Nacht) gewonnen werden, sonst landet die gute Qualität mit den Trestern .in den Weingärten. Manche wollten es scheinbar nicht lernen.

Der Weinhandel hatte nicht die Absicht, mehr als S 4,- pro kg für die Normaltrauben zu bezahlen und wenn möglich noch weniger. Die Anlieferung war aber deutlich geringer und so hatten die Händler Mühe, ihre Lastwägen voll zu bekommen. Die Preise pendelten sich daher auf S 4,50 bis S 5,- pro kg ein. Meine Prognose, die Anlieferung bei den Winzergenossenschaften würde ebenfalls adäquat geringer ausfallen, traf voll zu. Die Tendenz, die Trauben in den Weingärten länger hängen zu lassen, um bessere Reife und damit höhere Zuckergrade für Prädikatsweine zu erzielen, nahm deutlich zu.

Die Kellereiinspektion kam mit der Kontrolle der Spätlesen nicht ausreichend nach. Diese Lücke nutzten einige Unehrliche (speziell in Apetlon und Illmitz) aus und deklarierten Normalwein als Spätlese widerrechtlich um. Diese Anzeichen ließen für die Zukunft nichts Gutes erwarten.

Die Qualität der Rotweine war eher enttäuschend. Der Zweigelt hatte teilweise einen höheren Behang. Die Farbe der Weine war durchwegs sehr hell, wodurch in vielen Fällen eine Nachfärbung erforderlich gewesen wäre. Bei der Ortsweinkost in Gols waren die meisten Winzer ziemlich konsterniert und überrascht, da sich praktisch kein ordentlicher Rotwein unter den Proben fand. Der Großteil der Proben zeigte sich trüb, manche wiesen Nachgärung auf, fast durchwegs waren es unfertige Weine. Bei der Verarbeitung des Rotweins bestand zweifellos ein erheblicher Nachholbedarf. Diese unerwartete Helligkeit der Weine hatte allerdings einen interessanten Nebeneffekt. Die Kunden, die den Weinkeller besuchten, äußerten bei der Verkostung: "Jö, schau, ein Rosé". Es wurde definitiv das Geburtsjahr des Rosés, einer bisher kaum bekannten Weinsorte im Burgenland. Es zeigte sich zwar in der Folge ein begrenztes Interesse an diesem Wein, aber immerhin eröffnete es ein neues Kapitel im vielfältigen Weinangebot des Burgenlands.

Im März 1977 war es ungewöhnlich warm und dies führte zu einem frühen Austrieb. Anschließend wurde es wieder kalt mit Temperaturen von bis zu -3°C und es entstanden Ende März erhebliche Frostschäden. Im Mai gab es erneut Nachtfrost. In diesem Jahr war dadurch kaum mit mehr als der halben Ernte zu rechnen. Im Sommer verursachte die Abdrift von Wuchsstoffmitteln beim Unkrautspritzen auf den benachbarten Getreidefeldern auffallend viele Schäden in den Weingärten. Zusätzlich verursachten Hagelschäden bis zu 100 % Ausfall.

Die Weinernte begann Ende September und war ungewöhnlich schnell vorbei. Botrytisbefall war so gut wie nicht vorhanden und daher gab es nur einige wenige Spät- und Auslesen. Die Gesamternte wurde knapp unter der Hälfte einer Normalernte eingestuft. Es zeigten sich immer mehr Unterschiede bei der Handhabung der Weinlese in den einzelnen Betrieben und Ortschaften. Während viele in Illmitz und Mönchhof noch abwarteten, wurde in Gols bereits der Wein vom Geläger gezogen. In manchen Betrieben war die Ernte so gering, dass einige Winzergenossenschaften gar nicht öffneten.

Nach dem Erwecken des Interesses am Keltern von Roséweinen im Vorjahr, wurde diese Weinart dieses Jahr vermehrt und bewusst gekeltert. Manchmal wurde der Seihmost von der roten Maische abgezogen, wodurch ein fast weißweinartiges Produkt mit wenig Farbe entstand, ähnlich einem französischen „Claret" oder „Blanc de Noir". Das war wieder eine neue Kategorie, bei der sich besonders Georg Stiegelmar aus Gols verdient machte. Im Unterschied dazu waren die Rotweine wesentlich farbintensiver. Das war dem geringeren Ertrag zu verdanken und führte zu ungewöhnlich hochwertigen Rotweinen.

Ende November war die Ernte in vielen Weingärten noch nicht beendet. Man hoffte auf höhere Zuckergrade, was jedoch sinnlos erschien, da es fast zwei Monate nicht mehr geregnet hatte und die Beerenhaut mancher Trauben lederartig verhärtet war. Einige Beeren begannen zu schimmeln, bei Müller-Thurgau trat Stiellähme auf und die Trauben fielen ab (jede Menge Bodentrauben). Nur der Welschriesling begann durch das kühle Wetter und erheblich verzögerter Reife mit einer echten Edelfäule.

Am 5. und 6. Dezember hatten wir Morgentemperaturen von -7°C. Ich weckte Ludwig Thier aus Weiden und Andreas Anscheringer aus Breitenbrunn rechtzeitig, sonst hätten beide die geplante Eisweinernte verpasst. Zwei Tage später wäre diese nicht mehr möglich gewesen.

Im Jänner 1978 schrieb ich einen Kellerwirtschaftskurs aus, der regelrecht gestürmt wurde, sodass ich sogar einen zweiten anbieten musste. Leider konnte ich nicht so viele Teilnehmer aufnehmen, da ich beim besten Willen nicht mehr als 60 Personen je Kurs unterbringen konnte und für einen dritten Kurs war die Zeit zu knapp. Einige Interessenten gingen daher leer aus.

Eine erste Änderung bei der Weinkontrolle – die Mostwäger

Die Rebenblüte 1978 verlief ziemlich verzögert aber der Ansatz hätte für eine Rekordernte ausreichen können. Es lag noch eine beträchtliche Menge Altwein auf Lager und die Preistendenz ging bereits deutlich nach unten. In unseren Weingärten herrschte vor der Ernte ziemliche Trockenheit. Ende September brachte endlich ein Regen von 35 mm die ersehnte Erlösung. Unbewässerte Weingärten sahen trotzdem recht traurig aus. Die Landesregierung beschloss, wieder Mostwäger einzustellen. Das war ein erster Schritt in Richtung einer verbesserten Kontrolle der Prädikatsweinernte.

Die Haupternte begann Mitte Oktober 1978 bei eher kühlen Temperaturen und weitgehend gesunden Trauben. Botrytis wurde in sehr geringem Ausmaß festgestellt, wodurch die Aussicht auf größere Mengen

Prädikatswein äußerst gering war. Das Überangebot war allgegenwärtig, da auch nur sehr zögerlich gekauft wurde. Etwa 80 % der angemeldeten Spätlesen mussten von den Mostwägern wegen Untergradation aberkannt werden. Wenn es diese Kontrolle in diesem Jahr nicht gegeben hätte, wäre es zu einer Katastrophe gekommen. Die erwartete Erntemenge wurde von den meisten Weinbauern weitgehend unterschätzt. Die Tankhändler waren komplett ausverkauft und konnten nicht mehr liefern und die Tankerzeuger kamen mit der Produktion nicht hinterher. Viele Weingärten gerieten in die Warteschleife.

Am 4. November gab es einen Nachtfrost, wodurch die Weinblätter braun wurden und abfielen. Vorwiegend in Illmitz und Mönchhof hingen noch erhebliche Traubenmengen an den Rebstöcken. Während der abgelaufenen Ernte hatte das ganze Weingebiet unter riesigen gefräßigen Starenschwärmen zu leiden. Mit den Frostnächten zogen sie glücklicherweise nach Süden ab. Mitte November waren noch immer viele Weingärten nicht abgeerntet. Es herrschten jedoch kühle Temperaturen und ständiger Hochnebel, sodass bei der Reife praktisch kein Fortschritt erkennbar war. Die Spätlesetrauben wurden mit zu niedrigen Preisen gehandelt. Da eine Rekordernte bevorstand, kam die Traubenkontrolle nicht ganz lückenlos ihren Aufgaben nach und so kam es vereinzelt zu Schwindeleien. Am 6. und 7. Dezember nutzten viele die Temperaturen von -9°C zur Eisweinlese. Stefan Haller aus Mönchhof führte erstmals mit dem Vollernter seine Lesearbeit durch. Das war auch für die Eisweinlese zulässig und hat im Wesentlichen ganz gut funktioniert. Der abgeerntete Weingarten sah allerdings ziemlich ramponiert aus. In dieser Zeit wurden weitgehend die letzten Weingärten abgeerntet.

Im Jänner 1979 erlebten wir einen richtig tiefen Winter mit Raureif und niedrigen Temperaturen von bis zu -17°C. Der Verkauf von Spät- und Auslesen hatte sich etwas belebt. Erstmals traten auch Franzosen als Käufer auf – das hatten wir noch nie. An den Reben wurden erhebliche Augenschäden durch Frosteinwirkung festgestellt.

Im Mai sah ich mich in den Weingärten etwas um und begutachtete etliche Rebstöcke. Dabei kam ich zur Erkenntnis, dass viele Augen nicht antrieben. Weingärten, die vorwiegend auf Zapfen geschnitten wurden, konnten daher so gut wie keinen Ertrag bringen. Mitte April gab es einen Nachtfrost mit Temperaturen um die -4°C, wodurch in tiefen Lagen bis zu 80 % der Reben abgefroren sind. Ein Rebschnitt in den Frostlagen mit mehreren langen Ruten hätte die Voraussetzung für eine halbwegs zufriedenstellende Ernte wesentlich verbessert.

In diesem Jahr war die Chlorose wieder sehr intensiv und viele Weingärten leuchteten gelb. Durch die Frosteinwirkung im Winter blieben viele Rebstöcke im Frühjahr nach dem Austrieb stehen, trieben nicht weiter und vertrockneten. Bei anderen Stöcken trieben nur ganz wenige Augen an und erst nach dem verspäteten Austrieb der Nebenaugen erlangten diese Stöcke ein normales Aussehen.

Ab Mitte Mai hatten wir hochsommerliche Temperaturen nahe der 30°C. Dadurch konnte ein leichter Rückstand spielend wieder eingeholt werden. Die Blüte begann Anfang Juni und war bald zügig beendet. Der Heuwurm schlug diesmal wieder ziemlich stark zu. Ab Mitte Juni regnete es ständig bei relativ hohen Temperaturen und es war ziemlich unangenehm dunstig und schwül. Die Winzer waren hauptsächlich mit der Schädlingsbekämpfung beschäftigt. In diesem Jahr wurde eine frühe Ernte erwartet, mit Erntemengen unter 50 %.

Mitte August wurden schon die ersten Trauben für den „Sturm" geerntet. Da die Trauben bereits Anflug von Edelfäule zeigten, sollten größeren Mengen Beeren- und Trockenbeerenauslesen folgen.
In einigen Weingärten wurden leichte Infektionen von Grünfäule festgestellt, ebenso wie Stiellähme. Anfang September erlebten wir viel Sonnenschein und hohe Temperaturen, was dem Reifefortschritt einen großen Auftrieb verschaffte. Ende September kam dann jedoch ein ziemlicher Rückschlag, nasskalte Witterung und Bodenfrost. Die Traubenpreise waren wieder einmal viel zu niedrig und damit absolut unbefriedigend. Anfang Oktober kam es deshalb zu einer Protestversammlung. Diese verlief sehr sachlich und es wurde beschlossen, dass der Mindesttraubenpreis S 3,- pro kg betragen musste und für Spätlese S 6,-. Bei Nichteinhaltung waren die Bürgermeister aufgefordert und bereit, die Brückenwaage zu sperren. Der Bezirk Eisenstadt schloss sich der Vereinbarung an. Die Ortschaften in Niederösterreich wurden aufgefordert, sich diesem Beispiel ebenfalls anzuschließen.

Am 7. und 8. Oktober hatten wir noch einmal Bodenfrost und die Tagestemperaturen waren in der Folge ebenfalls ausgeprägt kühl, wodurch die Zuckergrade kaum zunahmen. Die Traubenpreise stiegen auf S 4,- pro kg. Die Geschlossenheit der Landwirte, verstärkt durch die geringe Ernte, hatte jedenfalls Früchte getragen. Es wurden wieder größere Mengen

Prädikatsweine bis zu Trockenbeerenauslese erzeugt. Auch gelang es mir erneut einige Winzer für die Erzeugung dieser besonderen Produkte zu gewinnen. Am 24. Oktober ließ ein Frost die letzten Blätter von den Reben abfallen. Preise von Spätlesemost um S 7,- pro Liter sowie bei Beerenauslese um S 10,- erzeugten jedoch Sorgenfalten, denn dieser Preisverfall war besorgniserregend. Da diese Weine durchwegs nach Deutschland verkauft wurden, sollte diese ruinöse Preisentwicklung auch dort eher zwiespältig gesehen werden. Man sprach davon, dass es angeblich wieder zu großen Gaunereien gekommen sein soll. Viele Weinbauern forderten, dass sämtliche Trauben von den Mostwägern kontrolliert werden müssten, die reine Absicht zur Erzeugung von Prädikatsweinen war kein Beweis.

Der Rotwein war in diesem Jahr ungewohnt schwarzrot wie „Vino Tinto". Auch die Sorte Muskat Ottonel war ein Sonderfall. Besonders die ungewohnt hohe Zuckergradation sowie das grandiose Aroma sogar bei der Trockenbeerenauslese musste man als phänomenal bezeichnen. Die Gärunterbrechung zur Erhaltung von Restzucker funktionierte in diesem Jahr viel besser als in anderen Jahren, was den kühlen Temperaturen während der Ernte und danach zu verdanken war. Das war ein wichtiger Hinweis, dass man entsprechende Kühlgeräte braucht, um jedes Jahr erfolgreich sein zu können.

Am 20. November fand eine Bezirkskonferenz statt, wo Mindestpreise für den Fasswein gefordert wurden, und zwar S 7,- pro Liter für den Normalwein, S 8,- für Rotwein, S 9,- für Spätlese und S 11,- für Auslese. Jetzt hing es von den Weinbauern ab, ob sie sich an die Preise hielten, wobei es kein Überangebot gab. In Weiden hatte ein Sensal mit etlichen Winzern Verkaufsverträge mit S 8,- pro Liter Spätlese abgeschlossen woraufhin die Bauern ihre Verträge wieder abholten.

Einige Weingärten waren Ende November immer noch nicht abgeerntet, aber ein Zuwarten war sinnlos. Inzwischen gab es an die 100 mm Niederschlag, und die Zuckergrade wurden durch Auswaschung weniger statt mehr. Mit hohem Risiko hätte eine Eisweinlese noch geholfen, die Situation zu retten. Anfang Dezember war jedoch klar, dass es keine Möglichkeit für Eiswein geben würde, nachweislich waren die Zuckergradationen um 3 bis 5°KMW gefallen.

Die Preise, die bei der Bezirkskonferenz festgelegt worden waren konnten nicht gehalten werden. Spätlesen wurden weiterhin mit S 8,- verkauft. Der

Handel argumentierte, er könnte mit den billigen Einkäufen der Konkurrenz am deutschen Markt nicht mithalten.

Zwischen Weihnachten und Neujahr war die gefräßige Wacholderdrossel wieder aktiv und fiel über etliche Weingärten her. Es war wohl ein Festmahl. Am 5. Jänner 1980 gab es die erste Gelegenheit bei -10°C für die Eisweinlese. Der Winzer Ochs aus Weiden, ein Eisweinspezialist, nutzte seine Chance, die Menge war allerdings eher bescheiden.

Mitte Jänner gab es Frostnächte um -17°C sowie ausreichend Schnee. Das Holz war ziemlich gut ausgereift, daher dürfte nicht viel Schaden durch Frosteinwirkung entstanden sein. Durch die ständig steigende Nachfrage nach Wein stieg der Preis laufend. Der Preis für Normalwein lag wunschgemäß bei S 7,- und Spätlesen bei S 9,-, denn jeder Liter wurde gesucht.

Anfang der Vegetationsperiode war es auffallend kühl, sodass das Jahr mit einer starken Verzögerung begann. Die Weinprämierung hatte mit einer bisher noch nie dagewesenen Anlieferungsflut zu kämpfen. Die Übernahme musste unterbrochen werden und es fand zunächst der erste Teil der Weinverkostung statt. Danach wurden die weiteren Proben übernommen mit anschließender Abschlussverkostung. Der in diesem Jahr langanhaltende Austrieb infolge kühler Witterung führte wieder zu einem erheblichen Milbenbefall.

Die Blüte setzte diesmal sehr spät ein und zog sich wetterbedingt auch ziemlich lange hin. In dem Jahr dürfte es einen sauren Jahrgang geben. Am 2. Juli 1980 fand eine Bezirkskonferenz statt, bei der gemeinsam mit Niederösterreich ein Auspflanzverbot auf drei Jahre empfohlen wurde und einer Vorführung von Prädikatstrauben beim Mostwäger. Meiner Meinung nach hätte auch die Abfuhr vom Produzenten kontrolliert werden sollen, um Betrügern keinen Spielraum zu geben.

Auch in diesem Jahr traten wieder auffallend viel Chlorosen in den Weingärten auf. Ende Juli zeigten sich starke Verrieselungen an den Gescheinen, die hauptsächlich dem Wetter zu verdanken waren. Aber auch der Heuwurm trat verstärkt auf. Besonders betroffen war der Muskat Ottonel, wo kaum mehr als 10% Ertrag zu erwarten war und auch die Chlorose trug erheblich dazu bei. Ähnliche Zustände in Deutschland könnten sich positiv auf das Weingeschäft bei uns auswirken.

Die Reife war weiter stark verzögert, wodurch meine erste Vermutung zum „Sauerampfer“ bestärkt wurde. Dazwischen gab es etliche Hagelschläge und die Weinernte wurde sehr spät erwartet. Die ständig kühlen Nächte deuteten auf eine kleine Menge an Prädikatsweinen hin. Ende September setzte ein Boom zum Rigolen ein und die Nachfrage nach Rebenveredelungen war enorm. Ein Winzer aus Mönchhof kaufte angeblich einen 20 ha großen Acker Richtung Zurndorf um diesen auf einmal mit Reben zu bepflanzen. Das neue Gesetz sollte ab Mitte November wirksam werden. Bis dahin dürften jedoch schon tausende Hektar neuer Rebflächen entstanden sein. Ohne die Ankündigung für dieses neue Gesetz wäre nicht einmal die Hälfte neu gepflanzt worden. Hinzu kam noch ein weiterer Aspekt: Jene Winzer, die in den letzten beiden Jahren alte Rebflächen gerodet hatten, mussten sich jetzt beeilen mit der Neupflanzung, weil die Rodung und damit die Berechtigung zur Neupflanzung nicht anerkannt wurde. Es drohten hohe Strafen bei unerlaubter Neupflanzung. Einige Weinbauern legten Beschwerde ein, weil Lesetermine festgelegt wurden, die als viel zu spät empfunden werden (um den 20. Oktober). Es gab schon viele Bodentrauben. Indessen wurden aber neue Mostwäger eingeschult, die erst nach dem 21. Oktober zur Verfügung standen. Anfang Oktober 1980 fand eine Konferenz der Weinbauvertreter statt, wo wieder einmal Mindestpreise für Trauben mit S 4,- pro kg, S 5,- ab 15°KMW, S 7,- für Kabinett ab 17°KMW und S 9,- für Spätlesen festgelegt wurden.

Die Hauptweinernte 1980 begann um den 20. Oktober. Die ursprünglich geforderten Preise wurden meistens um S 1,- unterboten. Aufgrund der vorherrschenden kühlen Temperaturen gab es kaum noch Stare. Die bewährten Betriebe hatten bereits so viel Routine, dass trotz widriger Umstände hohe Gradationen für Prädikatsweine möglich waren.

In den ersten Novembertagen erlebten wir ganz plötzlich tiefsten Winter mit Schnee und Eis. Der Schnee lag schwer auf den noch nicht geernteten Rebstöcken, die voller Laub samt Trauben waren. In Illmitz, Podersdorf und anderen Ortschaften waren etwa ein Drittel der Weingärten noch nicht geerntet, in Mönchhof sogar noch viel mehr. Die Mostwäger hatten sich bestens bewährt und mit ihrer Arbeit eine solide Preisentwicklung gefördert. Betrugsversuche wurden sofort entdeckt und exekutiert. Als der Schneefall nachließ, gingen viele Winzer in ihre Weingärten, um den Schnee von den Rebstöcken abzuschütteln. Manche Weingärten gingen durch die Schneelast regelrecht nieder und der Drahtrahmen ist eingebrochen. Zwischen dem 30.

November und dem 1. Dezember gab es einen richtigen Schneesturm mit Schneeverwehungen und in den darauffolgenden zwei Tagen herrschte Eisweinwetter, das allgemein genutzt wurde. Wer das verpasste, hatte das Nachsehen, da in den Nächten zwar noch -7°C vorherrschte, jedoch vormittags die Temperatur auf 0°C anstieg. Das Interesse am Kauf von Prädikatswein stieg sprunghaft an. Der Kauf ging meistens zügig voran. Kaum gekauft, wurde der Wein auch schon abgeholt. Die Preise waren sehr zufriedenstellend. Diese Entwicklung wäre, wie erwähnt, ohne den Einsatz der Mostwäger nicht möglich gewesen. Bis Ende Feber hielt die Nachfrage nach Wein an. Die letzten Spätlesen wurden mit S 16,-, Auslesen mit S 18,- bis S 20,- und Beerenauslesen bis S 35,- inkl. MWST bezahlt.

Die Vegetation 1981 begann sehr früh mit schönen, warmen Temperaturen. Am 17. April, Karfreitag, kam jedoch der Rückschlag mit empfindlicher Kälte, Frost und Regenfällen. Viele Weingärten in tieferen Lagen und in Seenähe erfroren. Durch generell schlechte Ausreife waren fast überall einzelne Rebstöcke betroffen. Sogar bei den Nussbäumen wurden Triebe schwarz. Die Aussichten auf eine gute Ernte waren jedenfalls dahin. Bald darauf wurde es wieder warm und eine frühe Reife war möglich.

Mitte August blickten wir auf 8 Wochen Schönwetter ohne Niederschläge zurück. Das war für den Fremdenverkehr eine großartige Konstellation. Die Auswirkungen für die Weingärten waren jedoch gravierende Trockenschäden. Bewässerte Standorte konnten deutliche Besserung verzeichnen. Der allgemein gute Weinpreis sollte sich hoffentlich auch auf die diesjährigen Traubenpreise positiv auswirken.

Vor der Weinernte 1981 hatte es ausreichend geregnet, allein in Illmitz wurden 80 mm Niederschlag gemessen. Zu Erntebeginn waren die Winzer außergewöhnlich diszipliniert. Die Golser waren allerdings wieder übereifrig. Durch die schönen Regenfälle (über 100 mm) waren die Weingärten ziemlich durchnässt und die Weinlese bei diesem Zustand äußerst mühsam. Die Trauben faulten durchwegs und hatten starken Botrytisbefall, beinahe wie im Jahr 1969. Diese Entwicklung blieb jedoch nicht ohne Folgen, da die Trauben stark feucht und nass waren. Sie begünstigte neben Botrytis auch unerwünschten Schimmel und Monilia.

Die amtliche Messung der Trauben lief üblicherweise so ab: Der Kontrolleur „stocherte“ mit einem runden, stumpfen Stock in die lose aufgeschütteten Trauben und tropfte den Saft auf ein Zuckerrefraktometer, um den im

Lesegut enthaltenen Zucker festzustellen. Diese Art und Weise wurde von mir kritisiert, da meiner Meinung nach kein objektives Ergebnis möglich war. Gesunde Trauben werden um 1 bis 2°KMW zu hoch gemessen, da beim Hineinstechen zuerst die Beeren mit höherem Reifegrad platzen. Bei edelfaulem Traubenmaterial ist es genau umgekehrt. Es wird um 1 bis 2°KMW zu niedrig gemessen, weil in erster Linie die saftigen gesünderen Beeren gemessen werden und die trockeneren, edelfaulen Beeren sozusagen „durchrutschen". Zu Demonstrationszwecken hatte ich eine Holzlatte mit Nägeln konstruiert und die Sache vordemonstriert.

Prädikatsweine mit zu wenig Saft – ein Sonderfall

Trockenbeerenauslesen entstanden in der diesjährigen Ernte während der Vorführung als Sonderfälle, denn diese konnten so gut wie kaum gemessen werden. Der Anteil der Trockenbeeren war sehr groß und sie waren so trocken, dass kein Saft herauskam. Es kam reihenweise zu Produkten jenseits der 40°KMW. Von den Gartner-Brüdern in Illmitz hörte man von 47°KMW, vom Sommer-Wirt in Mörbisch fast unglaubliche 49,5°KMW bei einem Weißburgunder und von vielen anderen Betrieben kamen ähnliche Meldungen. Unsere Messgeräte zeigten bekanntlich nur maximal bis 40°KMW an und alles darüber muss geschätzt werden. Sogar in der Zeitung erschien ein Artikel, der sich mit dieser Problematik befasste.

Die Haupternte war um den 20. Oktober 1981 zu Ende. Die ungewohnt hohen Zuckergrade bei vielen Trockenbeerenauslesen bereiteten bei der Gärung ziemliche Probleme. Einerseits startete die Gärung schon sehr widerwillig und wenn sie dann anlief, verursachte jede Kleinigkeit, wie längerer, kalter Luftzug oder leichter Temperaturabfall im Keller Gärunterbrechungen. Der Winzer spricht dann vom "Steckenbleiben" der Gärung. Aber auch, wenn der Wein halbwegs fertig wurde, fiel er durch den übermäßig hohen Restzuckeranteil durch diese fast widerliche Süße auf.

Die Preisentwicklung bei den Fassweinen war in der Folge sehr zufriedenstellend. Allerdings waren hohe Prädikate kaum gefragt. Bei Normalweinen wurden oft unangenehme Schimmeltöne und leichter Essigstich bemängelt, besonders in Betrieben, wo das Verständnis für die Qualität fehlte. Dieses Jahr gab es öfter Weine, die zu „Schwefelfressern" wurden. Das führte zu überhöhten Werten beim Gesamt-SO_2-Gehalt.

Mitte Jänner 1982 kam es zu Kältetemperaturen von -12 bis -17°C und Raureif an mehreren Tagen. Der Austrieb erfolgte relativ spät und er zog sich in die Länge. Dadurch kam es zu einem Befall von Kräuselmilbe und Roter Spinne in einem Ausmaß, wie es noch nie registriert wurde. Ganz besonders davon betroffen war die Sorte Welschriesling.

Der Normalwein war im Mai so gut wie ausverkauft und bei Spät- und Auslesen waren ebenfalls kaum mehr Reserven vorhanden. Die letzten Verkäufe lagen auf preislichem Rekordniveau. Auch die Keller der Selbstvermarkter "trockneten bald aus".

Die Blüte begann Anfang Juni und der leichte Rückstand konnte somit wieder aufgeholt werden; außerdem hatten wir 30 mm Niederschlag. Mitte Juli gab es einen Superregen von 60 bis 80 mm und einzelne Gewitter bei sehr warmen und schwülen Temperaturen. Der Traubenbehang war überdurchschnittlich groß und deutete in Richtung großer Ernte. Die Trauben zeigten sich auch ziemlich groß und breit geschultert. Von Mitte Juli bis Mitte August gab es fast 200 mm Niederschlag. Es gab gelegentlich Überschwemmungen, sogar auf der Parndorfer Platte. Diese Konstellation führte zu massiver Fäulnis und Peronospora. Die versuchsweise Ende August geernteten Trauben wiesen ungenügende Zuckergrade auf. Oft musste ausgelesen werden und die unreifen Trauben wurden hängen gelassen. Der Reifefortschritt im September war deutlich erkennbar. Die Haupternte begann Ende September. Kurz vorher regnete es noch schöne 15 mm. Manche Weingärten bekamen leichte Grünfäule, die glücklicherweise größtenteils eintrockneten. Allgemein wurden insgesamt Rekordmengen erwartet.

Die Traubenpreise sanken im Laufe der Ernte 1982 von S 7,- pro kg stetig bis auf die Hälfte und vereinzelt noch weiter. Viele Winzer hatten Schwierigkeiten, die Ernte unterzubringen. In den ersten 14 Tagen der Ernte gab es mehrmals Regen und insgesamt zwischen 80 und 100 mm Niederschlag. Darauf entwickelte sich eine massive Fäulnis, durchwegs Edelfäule. Die Trauben waren anfangs allerdings quatschig, wozu die kühlen Nachttemperaturen maßgeblich beitrugen und bewirkten, dass man die Trauben kaum in der Hand halten konnte, wie damals 1969. In diesem Zustand hätte man mit einer Vollerntemaschine nicht arbeiten können, händisch eventuell mit der Schubkarre. Sinnvoller war es aber, das Abtrocknen der Trauben abzuwarten. Prädikatstrauben durften jedoch generell nicht mit dem Vollernter geerntet werden, mit Ausnahme des Eisweins.

Wie kommt man zur Prämierung?

Nachdem unsere Winzer so großartige Weinprodukte erzeugt hatten, speziell bei den hochwertigen Prädikatsweinen, waren viele Betriebe motiviert, mit ihren Produkten an nationalen und internationalen Prämierungen teilzunehmen. Zunächst steckte man sich eher leichter erreichbare Ziele. Das war natürlich zuerst die Burgenländische Landesweinprämierung oder für ganz Österreich die Weinmesse in Krems. International bot sich auch die Weinmesse in Laibach (Ljubljana) in Slowenien als günstige Gelegenheit an, die auch mit großer Regelmäßigkeit genutzt wurde. Speziell die Winzer von Illmitz taten sich hier besonders hervor und wurden zahlreich mit der „Großen Goldmedaille" ausgezeichnet, besonders bei Prädikatsweinen, worauf man sehr stolz war. Einige fuhren sogar bis nach England, wo man auf einmal internationale Aufmerksamkeit erreichte, da man dort derart hervorragende Produkte aus unserem Gebiet bisher nicht kannte. Dabei machten sich ganz besonders die Winzerbetriebe Kracher und Opitz aus Illmitz verdient. Kracher wurde gewissermaßen zum Markenzeichen bester Beeren- und Trockenbeerenauslesen aus dem Seewinkel, zu einer Art „Leuchtturm".

Der erste Teil des Winters war viel zu mild mit Temperaturen zwischen 6 und +17°C!! Erst im Feber 1983 wurde es richtig kalt, bis -10°C. Am 11. März war der Winter allerdings endgültig vorbei, da es richtig warm wurde. „Mattheis brichts Eis" traf genau zu.

Nicht alles, was „duftet", ist auch gut

In diesem Jahr waren wieder viele „Böckser" auffallend in Erscheinung getreten. Der Begriff erinnert an den Geruch eines Geißbocks. Ursprünglich entstand dieser Geruch im Wein durch die Schwefelform H_2S, die früher auf herkömmliche Weise aus dem Geläger entstand. Heute ist eine neue Art entstanden, deren Ursache lange Zeit unbekannt war, bis man herausfand, dass bestimmte Wirkstoffgruppen der Spritzmittel gegen Pilzschädlinge im Weinbau dafür verantwortlich sind. Dieser Weinfehler wird auch wegen seiner Eigenart als Aroma-Böckser bezeichnet. Viele Weinbauern interpretierten dieses "Aroma" zunächst fälschlich als Eigenart des Weines. Ich selbst habe mich bei diesem Geschmack und Geruch als besonders empfindlich erwiesen. Es gibt auch eine einfache Methode zur Überprüfung. Wenn man in ein Kostglas mit diesem Wein einen Tropfen etwa 10 %iger Kupfersulfatlösung ($CuSO_4$) gibt, verändert sich der Wein und der Fremdgeruch und Geschmack ist sofort weg. Meine diesbezügliche Sensibilität hat mir auch den Spitznamen „Böckser-Heinzi" eingebracht.

Ende der 60er Jahre richtete ich auf Anregung des Lagerhausdirektors des Bezirkes Neusiedl in Gols ein Labor für das dortige Lagerhaus ein. Damit sollte die Möglichkeit für die Winzer in ihrer Nähe geschaffen werden, ihre Weine vor allem hinsichtlich der Stabilität bei der Flaschenfüllung untersuchen zu lassen. Ich kam dann zwei- bis dreimal pro Woche nach Gols und bewertete die angesetzten Proben. Ein zuvor eingeschulter Helfer kümmerte sich um die Kleinarbeit. Diese Einrichtung wurde immer mehr in Anspruch genommen und kann im Nachhinein als echter Volltreffer bezeichnet werden. Im Jahr 1983 gab es dort einen Ansturm an Weinproben, der uns in echte Bedrängnis brachte. Am ersten Tag im Jänner standen 400 Proben für die Untersuchung auf den Tischen. Von Dezember bis Feber zählten wir insgesamt 2.200 Proben, die wir bewältigen mussten – ein echter Rekord. Diese Arbeit war sowohl zeitlich als auch physisch ein riesiges Arbeitspensum, für das ich meine letzten Reserven mobilisieren musste.

Bild 9: Lager der eingereichten Weine

Die Weinpreise 1983 waren buchstäblich im Keller. Ein Preiskampf beim Flaschenverkauf zeichnete sich ebenfalls ab. Die 2 l-Flasche wurde bei Metro bereits um S 15,- angeboten. Während des gesamten Frühjahres 1983 gab es nur sehr sporadisch kleine Fassweinverkäufe zum Preis von etwa S 4,- pro Liter, für Spätlese S 10,- und Beerenauslesen bei S 20,- pro Liter. Den Weinbauern ging schön langsam das Geld aus und Beerenauslesen waren kaum gefragt. Ende Juli folgte eine lange Trockenperiode, es musste bewässert werden, obwohl es dafür schon fast zu spät war. Die Beeren waren daher relativ klein, und die Beerenhaut fast lederartig hart. Es traten aber so gut wie keine Krankheiten auf.

Ein altes Sprichwort sagt schon „Der beste Rat ist der Vorrat"

Im Sommer ereignete sich etwas Außergewöhnliches: Die Weinbauern kauften in großem Umfang Lagertanks aus Edelstahl. Diese waren nur unwesentlich teurer, als jene aus Kunststoff. Die Erzeugerfirmen kamen kaum mit den Bestellungen hinterher. Leider verpasste unsere heimische Stahlindustrie diese große Chance. Sie hatte keine Reserven mehr und der Stahl musste aus Schweden und Deutschland importiert werden.

Anfang September 1983 gab es einen sehr schönen Reiferegen mit 40 mm Niederschlag. Infolgedessen machte der Welschriesling innerhalb weniger Tage einen Reifesprung von etwa 2°KMW, was äußerst selten ist. Fast überall wurde starke Fäulnis registriert, sogar die klassischen, ledertaschenartigen Gebilde waren vorhanden. Wir stellten dieses Jahr eine Primärreife fest, wie sie noch nie zuvor erlebt wurde. Fast jedes gesunde Traubengut hatte ohne Edelfäule bereits eine Gradation knapp unter 20°KMW. Die Weinpreise waren aber katastrophal schlecht. In der BRD wurde angeblich die Flasche Spätlese um DM 1,- angeboten. Bei uns lag das Angebot bei S 5,- bis S 6,- pro Liter, also gut die Hälfte.

Die Dummheit des Jahres – wo führt das noch hin?

Ich erfuhr von den Weinbauern, dass viele Händler die Spätlesen ohne Prüfung kauften. Wichtig war nur der Mengennachweis, also die „Papiere". Die einheimischen Händler überließen dem Winzer selbst die Entscheidung, von welchem Behälter er den Wein abzapfen ließ. Meistens wurde dafür der nächstgelegene große Tank mit Normalwein gewählt. Das war für den Winzer eine kleine Erleichterung, weil er dadurch nicht die viel größere Anzahl von kleinen Fässern mit der echten Spätlese anzapfen musste. Nachdem die echte Spätlese zurückblieb, kam es bei manchen Selbstvermarktern zu der kuriosen Situation, diesen Wein in 2-Liter-Flaschen abfüllen zu müssen.

Diese Realitäten stellten mich vom fachlichen Standpunkt aus vor ein Rätsel. Was machte der Händler jetzt mit einem Wein, der keine Spätlese war? Er kaufte ihn aber als „Spätlese" und der Wein sollte mit Sicherheit seinen Keller als „Spätlese" verlassen. Mir drehte es regelrecht den Magen um, wenn ich an die Möglichkeiten krimineller Machenschaften dachte und Vermutungen anstellte. Im Nachhinein hätte ich weiter denken sollen.

Die Weinernte 1983 begann schon sehr zeitig Anfang September. Die ersten Zuckergradationen waren noch etwas verhalten, die Säure eher ungewohnt hoch. Die Traubenpreise fielen auf S 2,50 pro kg, auch erstmals symbolträchtig bei blauen Trauben, die bisher immer etwas höher lagen als bei weißen Trauben. Anfang Oktober gab es fast keine Normaltrauben mehr. Die geernteten Trauben lagen durchwegs alle im Spät- bis Auslesebereich.

Es wurde eine Stützungsaktion für die Prädikatsweinkategorie beschlossen, wodurch der Traubenpreis auf S 4,- stieg. Diese Aktion wurde allerdings nach einer Woche wieder eingestellt. Viele verkaufswillige Winzer standen ratlos bei der Waage und schimpften über diese unmögliche Aktion, da der Traubenpreis sofort wieder auf S 3,- abstürzte. Das führte auch zu deutlich verzögerter Anlieferung. Am 14. Oktober wurde diese Stützungsaktion abermals verlängert.

Der Früheste Eiswein und der erste Strohwein

Am 11.11 1983. (Martini) herrschte schönes Eisweinwetter, das von vielen auch genutzt wurde. Einen so frühen Eisweintermin gab es noch nie. Am 15. November lagen die Temperaturen um die -10°C. In allen Gemeinden wurde Eiswein geerntet.

Georg Stiegelmar, einer der innovativsten Winzer, probierte in diesem Jahr einen Strohwein zu keltern, der eine neue Kategorie bei den Prädikatsweinen darstellte. Auf seinem Dachboden legte er ganz klassisch Strohmatten aus und schichtete dort die Trauben auf. Die Beeren trockneten großteils ein und wurden teilweise auch edelfaul, sodass beim Abpressen ein konzentrierter Traubensaft und somit ein feiner Süßwein entstand. Der Winzer Opitz aus Illmitz folgte später dann diesem Beispiel, allerdings verwendete er statt Stroh Schilfmatten und benannte diesen daher „Schilfwein".

Aus Apetlon hörte man, dass der Mostwäger seine Arbeit angeblich nicht so genau nehmen sollte (Bestechung?). Ein Produkt wurde wegen zu geringer Gradation nicht anerkannt aber tags darauf um S 1,- billiger weiterverkauft billiger als Spätlese – eine weitere kriminelle Eskalation. Da bahnte sich eine Entwicklung an, die nur in einem Desaster enden konnte.

Bis zum 9. Dezember gab es siebenmal die Möglichkeit zur Eisweinernte. Dies war eine einmalige Konstellation, die auch von einer außergewöhnlich großen Anzahl von Winzern ausgenutzt wurde. Die Kontrolle war streng und lückenlos, wobei einige Produkte auf Beerenauslese umgeschrieben werden mussten, denn bei starker Edelfäule frieren die Trauben erst bei -10°C.

Die letzten Vorzeichen eines tragischen Ausgangs

Die Weinpreise erreichten einen fast unglaublichen Tiefpunkt. Obwohl in diesem Jahr keine Überernte bei einem außergewöhnlich hohen Qualitätsniveau auftrat, wurden für Normalwein S 2, Spätlese S 4,50 und Auslese S 5,- pro Liter bezahlt. Der Kauf stagnierte trotzdem stark.

Im Frühjahr 1984 besserte sich die Situation kaum. Viele Weinbaubetriebe konnten auf Grund mangelnder finanzieller Einnahmen ihre Sozialversicherung nicht mehr bezahlen. Nebenbei machte der Jahrgang 1983 kellertechnisch außergewöhnlich große Probleme. Die Weine litten unter erheblichem Säuremangel, je später geerntet wurde, desto stärker. Viele Weine wiesen bereits eine Säure unter den Mindestwerten auf. Diese Weine waren auch durch den hohen pH-Wert kaum eiweißfrei zu bekommen, was massive Flaschentrübungen hervorrief.

Im Frühjahr 1984 verbesserte sich das Weingeschäft etwas und der Preis für Normalwein stieg auf S 3,- pro Liter. Prädikatswein war ohnehin nicht gefragt. Bei Preisen von mindestens S 3,50 wurde eine Stützung versprochen. Diese Weine wurden nach Ostdeutschland exportiert, sodass unser Markt deutlich entlastet wurde. Bei diesen Preisen denkt man allerdings eher an einen Notverkauf, als an ein geordnetes Geschäft. Im Burgenland beschloss man, auch Spätlesen zum normalen Weingeschäft zu verwenden, um sich gegenüber den „dünnen Weinen" aus Niederösterreich etwas abzuheben und etwas vollere Weine anbieten zu können. Das konnte den Prädikatsweinmarkt auch etwas entlasten.

Die Weinblüte begann etwa Mitte Juni bei besonders schöner Witterung. Danach regnete es und es kühlte deutlich ab. In Wien fand der sogenannte 11. Wiener Weinbaukongress statt. Ich empfand diese Veranstaltung als äußerst armselig. Nur eine kleine Gruppe von Burgenländern interessierte sich für die Verkostung einiger Weine.

Die Weinernte sollte eher klein ausfallen. Von Ende August bis Anfang September gab es mehr als 100 mm Niederschlag, das löste eine Fäulnis aus. Es wurde wieder ein Lesetermin für Mitte Oktober festgelegt. Davor war die Witterung kühl und die Zuckergrade nahmen nur zögerlich zu. In Niederösterreich sollten viele Trauben gar nicht reif werden, obwohl ohnehin nur die halbe Ernte erwartet wurde. Die Weinpreise stiegen leicht. In Deutschland sah es mit der zu erwartenden Weinqualität auch sehr schlecht aus. Dort gab es 1983 eine große „Brennweinaktion" und das wurde in dem Jahr beklagt.

Die Weinernte 1984 brachte wieder eine größere Anzahl an Prädikatsweinen, besonders Beeren- und Trockenbeerenauslesen. Einige Produkte hatten allerdings unangenehme, muffige Schimmeltöne. Manche Weingärten hatten so geringen Traubenbehang, dass die Leser durchliefen, ohne viel im Bottich zu sammeln. Die Beeren der Trauben waren besonders klein und hatten daher kaum Gewicht. Die Mostausbeute war ausgesprochen schlecht. Die Tresterhaufen waren auffallend groß, aber der Flüssigkeitsgehalt leider gering. Daneben wurden größere Mengen Kabinettwein mit 17 bis 18°KMW geerntet und diese nach meiner Empfehlung nicht mehr gezuckert. Ein Labsal für meine Seele! Endlich hatten viele Winzer die Zeichen der Zeit erkannt und meine Bemühungen trugen Früchte. (Zucker war auch nicht gratis)

Die Weinpreise stiegen während der Ernte deutlich auf das Doppelte und mit ihnen auch das Interesse an Prädikatsweinprodukten. Der Export nach Deutschland funktionierte sehr gut, auch bei Spät- und Auslesen.

Anfang Jänner 1985 verzeichneten wir einige extreme Frostnächte von bis zu -25°C. Da das Rebholz nicht überall gut ausgereift war, wurde mit erheblichen Frostschäden gerechnet. Sehr viele Winzer waren durchwegs nicht mehr bereit zu verkaufen, weil sie zunächst den Austrieb abwarten wollten. Dabei waren die üblichen Preise von S 7,- für Normalwein, S 10,- für Spätlesen und S 11,- für Auslesen gar nicht so schlecht.

Mitte Feber gab es mehrmals Frostnächte um -18°C. Die anschließenden Untersuchungen der einjährigen Ruten brachten jedoch sehr unterschiedliche Ergebnisse. In manchen Lagen wäre es sinnvoll gewesen, längere Ruten stehen zu lassen, während in anderen Lagen die Reben zur Gänze abgefroren sein dürften. Der Rebschnitt sollte daher diesmal besonderes Feingefühl erfordern. In ganz Europa war es teilweise zu starken Frostschäden gekommen. In der Toskana erfroren die Olivenbäume. Im

Weinviertel wurden Tiefstwerte bis -30°C gemessen. Ende Feber erreichten die Weinpreise ein seltenes Allzeithoch. Hans Achs aus Gols informierte mich über die Preise - Normalwein S 9,- bis S 10,, Spätlese S 12,- bis S 13,-, Auslesen bis S 15,- und Rotwein S 11,- (inkl. Mwst). Mitte April zeigten sich nach dem Austrieb tatsächlich nur geringe Frostschäden. Genaueres würde erst nach der Blüte erkennbar sein. Wie immer waren die Lagen am Hang besser durch den Frost gekommen als die in der Ebene. Mit Sicherheit sollte die Ernte nur klein ausfallen. „Mattheis brichts Eis“ (24. Feber) traf wieder zu. Überall schmolz das Eis bei Temperaturen um +4°C und es regnete.

Der Beginn des Niedergangs

Für riesiges Aufsehen sorgte eine großangelegte Aktion durch die Kellereiinspektion im Bezirk Neusiedl. Mit fünf hochrangigen Beamten wurden Mitte April 1985 bei den örtlichen Weinhändlern im Seewinkel Weinproben gezogen. Man suchte nach unbekannten Substanzen (vornehmlich zur Erhöhung des Extraktes im Wein), die dem Wein verbotenerweise zugesetzt worden sein sollen. Dieser Nachweis war nun erstmals möglich (genauer beschrieben im Buch von Ing. Brüders). Es wurde hart durchgegriffen, denn auf diese Möglichkeit schien die Kellereiinspektion schon lange gewartet zu haben, ohne Rücksicht auf wahrscheinliche Kollateralschäden.

Bis Anfang Mai hatte es so gut wie nicht geregnet. Erst danach verbesserten einige Regenfälle den Zustand der Reben. Normalwein wurde in bescheidenem Ausmaß um S 8,- pro Liter vom Handel gekauft. Das Prädikatsweingeschäft brach aus verständlichen Gründen komplett ein, doch der Export funktionierte erstaunlicherweise immer noch.

Der Weinbau erzittert in seinen Grundfesten

Anfang Mai 1985 brach der Sturm der Entrüstung so richtig los –

DER WEINSKANDAL, er schlug riesige Wellen.

Die Presse berichtete in großen Schlagzeilen von den Laborergebnissen des „Glykolweins“.

Die Beschuldigungen gingen quer durch alle Sparten. Zuallererst waren jedoch die burgenländischen Weinbaubetriebe „die ganz Bösen“. Dabei blieb es aber nicht, wie wir später noch hören sollten.

Inzwischen wurden in der Zeitung einige Namen genannt, was zu entsetzlichen Reaktionen führte. Die Namen der Beschuldigten stammten oft aus dem Bezirk Neusiedl. Namensgleiche Personen, die mit dem Weinskandal niemals etwas zu tun hatten, wurden telefonisch angegriffen mit „Du Gauner", „Du Weinpanscher" und anderen Ausdrücken.

Es stellte sich heraus, dass sich kaum mehr als eine Handvoll Weinhändler aus verschiedenen Gemeinden des Bezirks Neusiedl/Seewinkel an den Weinfälschungen im Burgenland beteiligt hatten. Sie hatten teilweise Normalweine als Spätlesen und Auslesen ausgegeben und aus Mangel an Extrakt, verbotene Mittel beigefügt. Sinnbefreiter kann so ein Geschäft kaum betrieben werden. Logischerweise hatten diese Weine für das Prädikat Spätlese zu wenig Extrakt, was bei der Analyse für den Export aufgefallen wäre. Daher sah man sich genötigt auf chemischem Wege nachzuhelfen. Da die einfache Zugabe von Glycerin nicht in Frage kam (lt KI Ing. Brüders verschiebt sich auffällig das Verhältnis zwischen dem Extrakt und dem Alkohol), suchte man anderweitige Möglichkeiten.

Weinfälschungen sind an sich gar nicht so einfach, weil die einzelnen Bestandteile und Parameter harmonisch zusammenpassen müssen, um bei der amtlichen Analyse zu bestehen. Hier kam nun ein Weinchemiker aus Niederösterreich ins Spiel, der öfter im Bezirk Neusiedl auftauchte und auch bei den genannten Weinhändlern tätig war, um sie zu „beraten". Er brachte das Mittel „Diethylenglycol" unter die Leute, mit welchem die Weine der Weinhändler dann versetzt wurden. Diese Substanz wird als Frostschutzmittel vorwiegend in Kühlanlagen (z.B. KFZ-Kühler) verwendet und wurde in der eingesetzten Menge weitgehend als harmlos eingestuft. Die Vorstellung „Chemie im Wein" erzeugte jedoch Fantasien, die viele Emotionen und Hysterien freisetzten, befeuert durch die marktschreierische Berichterstattung in den Zeitungen. Die enormen Nachwirkungen waren verheerend. Hinzu kamen die großflächig stattfindenden chemischen Analysen der Weine.

Der Nachweis dieses Mittels in einem Wein erfolgte unter Verwendung eines sogenannten Gas-Chromatografen. Nachdem die Kellereiinspektoren großflächig im gesamten Weingebiet Weinproben sowohl von Händlern als auch von den Weinbauern gezogen hatten, wurden diese nach den bis dahin gemachten Erkenntnissen untersucht. Die Methoden wurden jedoch während dieses Prozesses ständig verfeinert und exakter. Daher kam es vor, dass ein Wein vorerst als unbedenklich erschien und bei einer

Nachuntersuchung 14 Tage später doch als verfälscht erkannt wurde. Dieser Umstand führte dann zur Beschlagnahme des Weines. Erschwerend kam hinzu, dass mit der Untersuchung der Weine, mehrere, voneinander unabhängige Untersuchungsanstalten befasst waren, die sich gegenseitig in den Ergebnissen „unterboten".

Die Frustration und das ständige Bangen unter den Winzern waren unbeschreiblich. Diese Vorgänge führten auch zur Erkenntnis, wie verflochten die Weinwirtschaft generell war.

Hatte ein Weinbauer zu wenig Wein, so kaufte er bestimmte Mengen bei einem Weinhändler zu, um den eigenen damit zu verschneiden, in Flaschen zu füllen und weiter zu verkaufen. Bei Gastwirten, die diese Produkte gekauft hatten, wurden Proben gezogen und untersucht. Durch die verbesserten Untersuchungsmethoden wurde nachträglich die Zugabe von Diethylenglycol nachgewiesen, was zu finanziellem Schaden und Verlust des guten Rufes dieser Weinbauern führte.

EXKURS: *>Diese Situation erinnert mich etwas an die 50er und 60er Jahre mit dem Uhudler. Dieser Wein aus amerikanischen Wildreben wurde immer wieder von manchen Weinbauern zum üblichen Wein dazu gemischt. Dieser Uhudler war damals jedoch verboten und konnte bei einer Mischung bis zu 1 % mit anderen Weinen nachgewiesen werden. Weine, die Spuren dieses Uhudlers enthielten, wurden für verfallen erklärt. Heute ist er ein Liebhabergetränk dank der Hartnäckigkeit des einheimischen Kultwinzers „Rübezahl" für die drei südlichsten Bezirke des Burgenlandes und ein echtes Erfolgserlebnis für die südlichen Weinbauern.<*

Ein Vorfall ist mir in Erinnerung geblieben, der ganz typisch für die heiße Phase im Weinskandal 1985 war. Ich hatte schon seit längerem den Wunsch, nach Eisenstadt versetzt zu werden und suchte daher Kontakte zu einigen Weinbauern. So kam ich einmal zu einem Winzer nach Mörbisch, bei dem die Selbstvermarktung eine ähnlich große Rolle spielte wie bei den Winzern in Gols. Wir standen im Keller bei einem Gläschen Wein und fachsimpelten. Auf einmal sagte er: „Waßt eh, heit Nocht is do a Mercedes aussigrunna". Er hatte bei einem der fünf Weinfälscher Wein gekauft und mehrmals telefonisch nach Unbedenklichkeit für diesen Normalwein gefragt. Dies wurde zwar bestätigt, aber auch die durch meine Person durchgeführte Weinuntersuchung brachte keine Sicherheit und so entschied er sich zur

„Entsorgung“ und öffnete eines Abends den Haupthahn des Weintanks, um diesen „guten Wein“ abzulassen.

Mir war von vornherein klar, dass dies kein Einzelfall war. Einige Tage später erfuhr ich auch aus Gols die gleiche Vorgehensweise, nur in einem viel größeren Ausmaß. Innerhalb weniger Tage war so viel Wein in die Kläranlagen gelangt, dass die Reinigungsbakterien abstarben und die Anlagen umkippten. Wochenlang konnte sie ihre optimale Funktion nicht erfüllen, bis der Normalzustand wieder hergestellt war.

5 Hauptschuldige und Tausende waren mitbetroffen

Die Kellereiinspektoren waren fleißig unterwegs, um Weinproben zu nehmen. Dadurch gerieten immer wieder Personen unter Verdacht, die jedoch keinerlei Verbindung zu den kriminellen Machenschaften der fünf Weinhändler hatten. Viele Betriebe wurden durch diese Untersuchungen in ihrer Existenz bedroht, manche wurden völlig unschuldig insolvent. Durch die Nachforschungen kamen einige „kleine Fische“, die sich ebenfalls aktiv an den betrügerischen Aktivitäten beteiligt hatten, noch hinzu. Die Berichterstattung über diese Weinhändler war ständig in den Medien präsent. Alle burgenländischen Weinbauern standen unter Generalverdacht. Es war eine unerträgliche Zeit. Mit jeder Nachricht in der Zeitung drehte sich einem regelmäßig der Magen um. Die Namensgleichheiten mit den Beschuldigten waren ein besonders unangenehmer Aspekt, denn es war äußerst schwer, die Beschwerdeführer von der Unschuld zu überzeugen. Viele Weingeschäfte mussten zurückentwickelt werden und der Weinverkauf war vorübergehend ohnehin gänzlich unmöglich.

In Illmitz fand Anfang Juni 1985 die Ortsweinkost statt und ich war auch bei der Eröffnung anwesend. Zwei der fünf Schwindler waren ebenfalls anwesend. Als ich eintraf, bemerkte ich sofort, dass die beiden Männer von einer ziemlich aggressiven Gruppe umgeben waren, die sich gleich gegen mich als „Feindbild“ wandte. Mögliche Handgreiflichkeiten konnte ich abwenden, indem ich auf einen der Fälscher zuging und ihn an die Seite nahm, um mit ihm zu reden. Ich warf ihm seine Verfehlungen vor und dass er das Prädikatsweingeschäft praktisch zu Grunde gerichtet hatte. Er rechtfertigte sich eher primitiv, nämlich, dass andere auch so gehandelt hätten und er daher nicht anders konnte, als es ihnen gleichzutun. Ihm schien die Zerstörung des guten Rufs unseres Weingebietes inklusive des Ruins vieler Existenzen eher egal zu sein. Mir war die Lust vergangen und so verließ ich die Veranstaltung.

Nicht nur die Burgenländer

Bald nach dem Austrieb wurde das volle Ausmaß der Frostschäden deutlich. Es sollte auf jeden Fall nur eine kleine Ernte geben, denn eine große hätten wir sowieso nicht gebrauchen können. Die meisten Frostschäden wurden in Pamhagen und Andau festgestellt.

Die Kellereiinspektion ließ natürlich auch im Weingebiet Niederösterreich die Weine untersuchen. Es stellte sich heraus, dass es hier dieselben Manipulationen in einem noch viel größeren Ausmaß als im Burgenland gab, da das Weingebiet viel größer war. Riesige Mengen "dünner Weine", stammend von Weingärten mit Überbehang und unreifer Ernte, wurden mit dem "Frostschutzmittel" behandelt. Außerdem wurde bekannt, dass im Kremser Raum eine "Weinfabrik" ausgehoben wurde, in der, innerhalb weniger Tage, mehrere 100 hl Wein neu entstanden waren.

Der mögliche Schleichweg aus dem Schlamassel

Ich habe mir natürlich Gedanken über einen Ausweg aus dem Dilemma gemacht. Ich erarbeitete einen umfassenden Plan, um das Geschäft wieder anzukurbeln. Schon in den 70er Jahren traf ich mit den Weinbauern von Winden eine Vereinbarung. Das Projekt lief unter dem Begriff „Windener Nachtwächter“. Dabei handelte es sich um einen Roséwein, der naturbelassen in kleinen Flaschen abgefüllt und mit einem Etikett versehen wurde, auf dem ein Nachtwächter mit Lanze abgebildet war. Leider wurde die Idee später nicht weiterverfolgt, obwohl die Aktion recht erfolgreich war. Wenn sich kein Leader mit entsprechender Durchsetzungskraft fand, waren solche Projekte zum Scheitern verurteilt. Marketing war nicht immer die Stärke unserer Landwirte. Ich hatte jedoch ähnliche Projekte in der Schublade, um sie bei Bedarf parat zu haben.

In dieser Zeit der allgegenwärtigen Ratlosigkeit, nutzte ich meine Kontakte im Bezirk Eisenstadt, um meine Pläne vorzustellen. Franz Schindler aus Mörbisch, dessen Vater Bürgermeister war, zeigte sich bereit, eine Anzahl von Weinbauern zu einer Aussprache zusammen zu holen.

Es waren viele Winzer anwesend, bunt gemischt aus jeder Altersstufe. Die Versammlung habe ich noch eher einsilbig in Erinnerung. Kaum jemand meldete sich zu Wort, nur ich erklärte meine Vorstellungen. Vor mir saßen Menschen mit einer scheinbaren Hoffnungslosigkeit, wie ich sie bisher noch nie erlebt hatte.

Meine Vorstellung war es, einen Welschriesling mit reduziertem Einbogen-Rebschnitt und Naturgraden von 17 bis 18°KMW ohne Zuckerung zu ernten und in Kleinflaschen von 0,75 l unter einem klingenden Namen zu vertreiben. Als Ergänzung sollte ein Weißburgunder dazukommen mit einer Naturgradation von 18 bis 20°KMW sowie ein Blaufränkisch mit mindestens 19°KMW.

Dieses Konzept wurde grummelnd und eher unwillig akzeptiert. Angesichts der tristen Situation hatte derzeit keiner eine bessere Idee. Obwohl man teilweise der Meinung war „dös wird eh nix“, weil sie noch der alten Philosophie nachhingen, ein Wein könne ohne Zuckerzusatz sowieso nichts werden. „Aber probieren wir es halt“.

Schindler Jr. hatte einen guten Draht zum Intendanten der Mörbischer Seefestspiele, der sich äußerst entgegenkommend zeigte. So hoben wir den MÖRBISCHER OPERNBALLWEIN aus der Taufe. Schon im Herbst wurden willige Winzer rekrutiert und die Weingärten vor der Ernte besichtigt, um den richtigen Lesezeitpunkt zu ermitteln. Bei der Ernte lief alles sehr diszipliniert ab und das Projekt wurde ein voller Erfolg. Es waren in erster Linie jüngere, kluge und motivierte Winzer, die gut im Flaschenweingeschäft integriert waren und sich an dieser Aktion beteiligten, was entsprechende Stabilität für die Zukunft versprach.

Als Nächstes widmete ich mich der Gemeinde Oggau. Hier sollte der ANDREASWEIN – GRAND PRIX an den ersten Goldmedaillengewinner des Burgenlandes im Jahre 1930 in Paris und 1932 in London erinnern. Damals wurden die siegessicheren Franzosen von Andreas Kern, einem Gastronomen aus Oggau, geschlagen. Ähnlich wie in Mörbisch wurde ein Welschriesling mit 11 bis 12 Vol% Alkohol vorgeschlagen sowie ein gehobeneres Produkt vom Weißburgunder und Chardonnay oder Morillon mit 12 bis 13 Vol% und ein Rotwein der Sorte Blaufränkisch mit 12,5 bis 13 Vol%, alles naturbelassen ohne zusätzlichem Zucker.

Die Gruppierung der teilnehmenden Weinbauern war deutlich ungünstiger im Vergleich zu Mörbisch, da sich kaum Winzer darunter befanden mit einem soliden Flaschenverkauf. Der erste in Flaschen gefüllte Rotwein war auch nicht ganz optimal. Die Oggauer Winzer beherrschten noch nicht die optimale Technik beim biologischen Säureabbau. Als Ergänzung entstand dann noch ein Weinbrand im Holzfass. Im Unterschied zu Mörbisch wurden die Weine von allen in einem großen Tank harmonisiert und dann, je nach abgelieferter Menge, in Flaschen abgefüllt und zum Verkauf zurückgegeben. Eine solche Arbeitsweise erfordert natürlich möglichst hohe Qualität und gute Kontakte zu Großabnehmern, um eine größere Absatzmenge schon im Vorfeld vereinbaren zu können. Leider verabschiedete sich der Leader schon bald. Damit war das Projekt in Oggau innerhalb kurzer Zeit gestorben.

Auch in Eisenstadt wurde auf diese Art eine Vereinigung mit dem Namen HAYDN – WEIN gegründet. Leider hielt auch diese Gruppierung nicht lange, da sich kein Leader fand, der durchgehalten hätte. Ein Versuch in Oslip erlitt leider ebenfalls das gleiche Schicksal.

Mitte Juli kam es zum Kollaps. Auf der ganzen Welt wurde nach dem Wein mit dem Frostschutzmittel gefahndet. In Deutschland warnte man vor dem Konsum dieses Weines. Die Kunden strömten scharenweise zu den Supermärkten, um den Wein zurückzubringen. Ende Juli wurden die namhaft gemachten Betrüger verhaftet. Vorher wurden die Betriebe nochmals gründlich untersucht.

Der Zustand in den Weinbaubetrieben war ausgesprochen desaströs. Bei vielen stellte sich noch immer die Frage, ob der bei den Fälschern gekaufte Wein, frei von verbotenen Zusätzen war oder nicht. Den Gaunern wurde nichts mehr geglaubt. Wie ging es jetzt weiter? Was sollte mit dem vorhandenen Wein gemacht werden? Immer wieder wurden Wochen nach einem ersten Untersuchungsergebnis, dieses revidiert und der Wein auf „untauglich" geändert. Die Gesamtsituation war frustrierend und machte viele Menschen regelrecht krank, vom finanziellen Schaden, der in die Millionen ging, gar nicht zu sprechen.

Der Weinkonsum brach nahezu ein, die Konsumenten stiegen auf Bier um. Georg Stiegelmar musste wegen der Namensgleichheit zu einem der mit dem Panschen Beteiligten immer wieder verteidigen und sich dagegen wehren, als Mittäter beschuldigt zu werden. Das Weingeschäft schlief ein und das Wort Prädikatsweine wurde nicht mehr in den Mund genommen.

Die Liste der Verhafteten wurde immer länger. Das ganze Ausmaß der Machenschaften wurde endlich sichtbar. Die Billigangebote bei Metro und anderen Großverteilern waren diesen „Weinmachern" zu verdanken. Eine 2-Liter-Flasche mit einem ehrlich gewachsenen Wein, hätte auf Grund der gestiegenen Preise für z.B. Schichten und Korken, nicht unter S 40,- in den Handel oder zum Gastwirt kommen dürfen. Die Weinfälscher hatten die Preise jedoch in den Keller wandern lassen.

Und noch ein Lateralereignis

Als Weinbauberater entging auch ich den Verdächtigungen nicht. Im August 1985, während meines Urlaubs im Salzburger Land, rief mich meine älteste Tochter an und informierte mich darüber, dass die Kriminalpolizei unser Haus durchsucht hatte. Sogar den Papierkorb hatten sie mitgenommen. Ergebnislos waren sie wieder abgezogen, da natürlich nichts Verdächtiges bei mir zu finden war. Meine damals 18-jährige Tochter hatte mich entschieden verteidigt: "Bei meinem Papa werden Sie nichts finden" und so war es auch. Mir wurde ausgerichtet, ich solle baldigst beim Staatsanwalt vorsprechen. Dies tat ich selbstverständlich nach meiner Rückkehr. Die Befragung war umfassend und blieb ergebnislos. Angeblich hatte mich jemand aus dem Seewinkel angeschwärzt.

Ein neues Weingesetz stand vor der Tür, es sollte das strengste der Welt sein, mit teilweise irrwitzigen, kaum durchsetzbaren Bestimmungen, wie die starke Reduzierung der Schwefelwerte. Ich befürchtete, dass infolgedessen der Großteil der Prädikatsweine kaum noch verkehrsfähig sein würde. Zudem wurde ein Weinlabor geschaffen, in dem alle Weine untersucht werden mussten, bevor sie in den Verkehr gebracht werden durften.

Die Ernteerwartung für den Herbst hatte kaum mehr als 20 % des Vorjahres betragen. Es gab etliche kleine Trauben aus den Beiaugen, da die Hauptaugen großteils nicht austrieben. Der Größenunterschied zwischen den Beeren der Hauptaugen und denen der Nebenaugen war eklatant. Wir erwarteten eine frühe Ernte, die auf Grund des geringen Behangs auch bald vorbei sein würde. Der Preis für Normalwein war enorm gestiegen und lag bei S 11 bis 12,- pro Liter.

Franz
Weingut Schindler

- Seit Generationen ein **Familienbetrieb**
- **Mörbisch** – am Westufer des Neusiedlersees
- **Spitzenweitgut** der heimischen Rotweinszene
- **Rebschnitt**
  mit Ertragslimitierung gepaart mit Einfluss des Sees bilden Grundstein für die Qualität
- **Unsere Philosophie**: großen Gewächsen mehr Fassreife gönnen, erst später Flaschenabfüllung und Verkauf
- **Zahlreiche Auszeichnungen:**
- 4 Falstaff Sterne
  4 Vinaria Kronen
  div. Spitzenplätze bei Prämierungen

Rotweine

Blaufränkisch
Zweigelt
Merlot
Cabernet Sauvignon

Weißwein

Welschriesling
Grüner Veltliner
Muskat Ottonel
Sauvignon Blanc

Süßweine

Bouvier Traube
Sauvignon Blanc
Chardonnay

Bis Anfang September litten die Reben stark unter der Trockenheit, da es längere Zeit nicht geregnet hatte. Am 5. und 9. September gab es dann einen schönen Regen von insgesamt 25 mm, der eine deutlich sichtbare Erholung brachte. Die Weinernte 1985 begann bei sehr sonnigem Herbstwetter. Die Erntemengen waren erwartungsgemäß sehr gering und das Lesepersonal kostete oft mehr als die Erntemengen selbst einbrachten. Der Wirt Ettl aus Halbturn konnte belegen, dass er von 2 ha Weingarten nur 400 kg erntete. Aus Pamhagen hörte ich von 500 kg/ha. Ende September waren viele Betriebe mit der Ernte bereits fertig. Im Bezirk Eisenstadt begann die Ernte erst, da die Frostschäden dort nicht so stark ausgeprägt waren. Die Traubenpreise erzielten kaum gekannte Höchstwerte von S 8,- bis S 9,- pro kg. Alexander Steiner aus Podersdorf hatte auf meine Empfehlung hin seine Weingärten nach bereits öfter praktizierter Manier nicht geschnitten und konnte mengenmäßig fast eine Normalernte erzielen. Im Frühjahr wurde er dafür ausgelacht, jetzt lachte er.

Noch ein verbotenes Mittel

Gegen Ende Oktober 1985 fand in Gols eine große Bauernbefragung durch die Exekutive statt. Es ging um die Verwendung von Natriumacid, später auch als "Sprengstoff" bezeichnet. Dieses wurde von einem Händler in Jois als „Tröpfchengabe“ bei der Abfüllung zur Haltbarmachung von vorwiegend restzuckerhaltigen Weinen verwendet. Die Anwendungsmenge betrug 1 g/hl, um mögliche Nachgärung zu verhindern. Über 100 Anzeigen lagen vor und alle Beteiligten wurden auf dem Gemeindeamt dazu befragt. Dieser Vorgang sollte in allen Gemeinden des Bezirkes so durchgeführt werden.

Martini 1985 – In Deutschland war die Aufregen wegen dieses "Sprengstoffs" im österreichischen Wein groß. Es wurde jedoch bekannt, dass sich das Natriumacid im Wein nach einiger Zeit abbaute und dann nicht mehr nachweisbar war. Zu Martini wurde traditionell das Weinloben zelebriert und dabei der neue Wein verkostet - diesmal so traurig wie noch nie.

Drama ohne Ende

In Eisenstadt trug sich ein tragisches Ereignis zu, das die Dramatik der Ereignisse voll unterstreichen sollte. Der Kellereiinspektor Ing. Josef Mitterer erschoss sich am 26. September 1985. Offenbar war er an der Bürokratie sowie falschen Verdächtigungen und extremer Selbstkritik zerbrochen.

Im Raum Rust und Mörbisch wurden angeblich auch Proben gezogen mit dem Verdacht auf die Verwendung von Natriumacid zur Verhinderung der Nachgärung. Die Ruster, die sich als besonders "brave" Bürger bezeichneten, hatten in der Ortschaft ein Transparent aufgehängt mit der Aufschrift "Wir schenken reinen Wein ein". Dieses war über Nacht verschwunden. In der Bauernschaft rumorte es gewaltig. Die große Anzahl von Anzeigen sollte angeblich von Genossenschaftsseite erfolgt sein. Vielfach wurde der Burgenländische Winzerverband als größter Volksschädling des Landes bezeichnet. Ich konnte dieser Behauptung nicht wiedersprechen.

Das Weihnachtsgeschäft zeigte in diesem Jahr gewisse Lichtblicke. Bei manchen Selbstvermarktern steigerte sich das Geschäft etwas und es konnte auch der 2-Liter-Weinpreis auf S 40,- erfolgreich angehoben werden. Offensichtlich gelang es zaghaft, bei den Kunden wieder Vertrauen zu gewinnen.

Anfang Feber 1986 gab es einen gewaltigen Schneesturm mit starken Schneeverwehungen, sodass viele Straßen mit jeder Menge Schnee zugeweht waren. Viele Dachböden waren mit Schnee vollgeweht. Die tiefste Temperatur lag bei -16°C, in Retz sogar bei -20°C.

Im März erlebten wir wieder ein schleichendes Frühjahr, denn der Winter schien noch nicht vorbei zu sein. Es war ständig kalt und auf den Äckern und Weingärten stand das Wasser. Fasswein wurde nur zögerlich gekauft, um S 11,- pro Liter für Weißwein und S 12,- pro Liter für Rotwein, unter der Einschränkung, dass nicht mehr als 120 mg Gesamt-SO_2 erlaubt war. Der Weinexport stand zur Gänze, denn die deutschen Behörden verboten den Weinimport aus Österreich. Die Bezeichnung der Weine nach dem neuen verschärften Weingesetz wurde von der EG nicht anerkannt. Der OGH hatte ebenfalls Teile davon aufgehoben, weil sie dem Gleichheitsgrundsatz widersprachen. Da würde sich wahrscheinlich noch einiges verändern und mein Gefühl diesbezüglich hatte mich nicht getäuscht.

Beim Rebschnitt wurde immer häufiger die neue Luftdruckschere verwendet. Besonders die Frauen freuten sich über dieses Gerät, weil die Handscheren oft Probleme mit den Handgelenken verursachten.

Es herrschte eine sehr deprimierte Stimmung. Im Dezember folgte ein weiterer Selbstmord im Zusammenhang mit dem Weinskandal, diesmal in Mönchhof. Die Situation auf dem Weinmarkt war weiterhin ziemlich angespannt und äußerst problematisch. Bei den Selbstvermarktern herrschte weitgehend noch umfassende Flaute. Es wurde deutlich sichtbar weniger Wein gekauft. Den "billigen" Wein gab es nicht mehr und auf den "echten aber teureren" hatten sich die Weinliebhaber noch nicht eingestellt. Das sollte ein echter Lernprozess werden. Bei den Weinhändlern hatte auch ein richtiger Kahlschlag stattgefunden, dem fast die Hälfte der Branche zum Opfer gefallen war.

Der erste Lichtblick

Im April 1986 zeigten sich einige kleinere Frostschäden, da etliche Augen nicht antrieben. Vom Mörbischer Opernballwein wurde eine Sensation nach der anderen gemeldet. Franz Schindler Junior war mit dem Opernballwein in Japan, wo über den hochwertigen Wein das große Staunen ausbrach. Die Fachwelt war begeistert und akzeptierte auch den höheren Preis für diesen Wein der gehobenen Qualitätsklasse. Bis dahin war österreichischer Wein eher als der „Billige Jakob" bekannt. Auch im eigenen Land orderten und kauften Handel und Gastronomie mehrere tausend Flaschen, sodass nur noch wenige Posten dieses Weines vorrätig waren. Wie der Name schon sagt, wurde der Wein natürlich auch auf dem Opernball ausgeschenkt und kam dort bestens an.

Die Bauern wehren sich – mit Erfolg

Am Grenzübergang Nickelsdorf fand eine große Streikversammlung gegen das neue Weingesetz statt. Der Protest richtete sich gegen eine ganze Reihe von Teilbestimmungen, die als inakzeptabel angesehen wurden. Der Landwirtschaftsminister reagierte darauf positiv und einige Bestimmungen wurden tatsächlich korrigiert und zurückgenommen. Dieser Streik kann somit als voller Erfolg bezeichnet werden.

Die Blüte begann Anfang Juni und anschließend kam ein starker Regen bei eher warmen Temperaturen. Es folgte noch mehr Niederschlag gegen Ende des Monats. Dieses Wetter führte zu einem auffallend kräftigen Wachstum der Reben. Außerdem traten einige Verrieselungsschäden auf.

Das Weingesetz wurde nun novelliert und trat bereits ab Mitte Juni 1986 in Kraft. Obwohl es im letzten Jahr nur eine kleine Ernte gegeben hatte, war das Weingeschäft nach wie vor miserabel. Der Preis für den Fasswein fiel auf S 9,- pro Liter. Die Bauern hätten gerne verkauft aber die Nachfrage beim Handel war gering, nicht zuletzt auf Grund der vielen Pleiten unter den Weinhändlern.

In Wien fand die „VINOVA“ statt. Meiner Meinung nach wurde Wein noch nie so schön präsentiert wie bei dieser Veranstaltung.

Endlich war meine Versetzung nach Eisenstadt offiziell bestätigt und ich war kein Pendler mehr. Frühes Aufstehen und die mehr als halbstündige Fahrt nach Neusiedl entfielen. Das war eine Erleichterung, auch wenn ich mich mit 52 Jahren noch recht rüstig fühlte. Meine Dienststelle war das Landwirtschaftliche Bezirksreferat in der Neusiedlerstraße. Dort hatte ich ein Labor, wo die Winzer bei mir ihren Wein untersuchen lassen konnten. Es wurden ziemlich viele Proben angeliefert, sodass mir zunächst eine Aushilfe beigestellt wurde. Später wurde für diese Aufgabe ein fixer Assistent aufgenommen.

Wir erlebten wieder einen sehr trockenen Sommer, ohne Niederschlag von Anfang Juni bis Ende August. Erst in der letzten Augustwoche regnete es etwa 18 mm, besser als nichts. Die Vegetation war früh entwickelt und es war auf jeden Fall eine kleinere Ernte zu erwarten, da während der Blüte durch Verrieselungen die Gescheine deutlich ausgedünnt wurden. Durch die lang anhaltende Trockenheit waren Probleme mit zu wenig Säure möglich. Darum sollte bei der Ernte mehr auf die Säure in den Trauben geachtet werden, als auf die Zuckergrade.

Am 17. August hagelte es in den meisten Opernballweingärten in Mörbisch, sodass innerhalb der Weingärten umdisponiert werden musste. In diesem Jahr sollte erstmals auch in Eisenstadt nach dem Mörbischer Muster ein HAYDN-WEIN geerntet werden. Die Präsentation war für den Sommer des nächsten Jahres anlässlich des Festes der 1000 Weine geplant.

Durch die frühe Reife war die Weinernte im Seewinkel bereits Anfang September mit den Frühsorten angelaufen. Der erste Preis von S 7,- pro kg ging dann auf S 5,50 und S 5,- zurück, trotzdem wurde nur eine kleine Ernte erwartet. Aufgrund der Mangelsituation und der hervorragenden Qualität der Trauben hätte der Preis eigentlich bei S 8,- liegen müssen. Die Traubenpreise im Bezirk Eisenstadt erwiesen sich etwas stabiler und lagen im Bereich von S 6,- bis S 8.- pro kg, je nach Sorte und Qualität.

In diesem Jahr waren wieder außergewöhnlich viele Irxentrauben vorhanden, für die es auch einen eigenen Markt gab. Teilweise wurden bei den Irxen mehr geerntet als bei den Normaltrauben. Der Vorteil bei diesen Trauben war die hervorgehobene Säure. Auffallend war im aktuellen Jahr der Trend zu Naturweinen im Bereich von 17 bis 19°KMW. Die blauen Trauben brachten aufgrund des geringen Traubenansatzes einen außergewöhnlich dunkel gefärbten Rotwein hervor. Dies war der beste Beweis dafür, dass man wirklich guten Rotwein nur mit einem stark reduzierten Mengenertrag erzielen kann.

Auszug aus dem Buch DER WEINSKANDAL von Walter Brüders, Verlag Denkmayr Linz, 1999, Seite 54 Absatz 1-4 , Seite 55 Absatz 1-4

Ich habs gefunden

soll Archimedes ausgerufen haben, als er bei einer Untersuchung des Goldgehaltes einer für König Hiero II. von Syrakus angefertigten Krone dem Gesetz des spezifischen Gewichtes auf die Spur kam. Ähnlich dürften auch der Leiter der Abteilung Getränkeanalytik in der Landwirtschaftlich-chemischen Bundesanstalt in Wien, Dipl.-Ing. Dr. Franz Bandion, und sein exzellenter Mitarbeiter, Mag. Heinrich Kohlmann, reagiert haben, als sie den Inhalt des überbrachten Fläschchens identifizieren konnten, das Ihnen am 21. Dezember 1984 mit großen Hoffnungen bewusst in die Hände gespielt worden war.

Wir schreiben den 28. Jänner 1985. Die wasserhelle sirupöse Flüssigkeit entpuppt sich als eine Lösung von 20 Prozent Ethylenglycol und 22 Prozent Diethylenglycol. Der Startschuss für den Zusammenbruch der Fälscherkonstruktionen ist durch diesen Erfolg nun abgegeben.

Der „Teufel der Weinanalyse“ – so nannte der Direktor des Weinbauinstitutes in Asti, Italien, Dr. Bandion, allerdings nach Jahren und auch in einem anderen Zusammenhang – hatte zugeschlagen. Der Kreis jener, die von dieser Aufdeckung wussten, war noch sehr klein, man tappte trotzdem bei vielen Fragen durch die noch herrschende Finsternis, da die gefundenen Stoffe bis dato als mögliche Verfälschungssubstanzen nicht bekannt und damit alle Begleiterscheinungen völlig unbekannt waren. Dabei ist interessant, dass diese Kombination von Ethylenglycol und Diethylenglycol nie mehr nachgewiesen wurde. Die nachfolgenden Untersuchungen ergaben lediglich die Verwendung von Diethylenglycol.

Das erste Problem war die Entwicklung eines hieb- und stichfesten Nachweisverfahrens. Dr Bandion und Mag. Kohlmann arbeiteten fieberhaft daran und konnten innerhalb kurzer Zeit eine sehr taugliche Methode erarbeiten, die richtungsweisend und auch international anerkannt wurde. Sie setzten von Anfang ihre Entwicklung auf die Gaschromatographie (GC), die sich in Verbindung mit der Massenspektrometrie(MS) bald als zielführend herausstellte. Ursprünglich hatten sich mehrere Nachweispraktiken angeboten, die alle mit Ihren Vor- und Nachteilen behaftet waren. Die Dünnschichtchromatographie wurde wegen ihrer großen Unempfindlichkeit, selbst nach Verfeinerungsmethoden, bald verworfen. Ein weiteres Verfahren war die Hochdruckflüssigkeitchromatographie, kurz HPLC. Mit ihr wurde besonders anfangs viel gearbeitet, weil sie einfacher handbar und auch billig ist. Der Nachteil liegt in der Nachweisempfindlichkeit. Zu Beginn der Verfolgungen lagen die gefundenen Werte sehr hoch, gewissermaßen in den Grammdimensionen, daher störte dieser Nachteil vorerst weniger.

Am 28. Jänner1985 war Dr. Bandion mit seiner GC-Methode soweit und legte die wissenschaftliche Entwicklungsarbeit dem Direktor der Anstalt Dr. Walther Beck mit dem Begehren vor, diese bald veröffentlichen zu dürfen und sie der staatlichen Weinkontrolle in ihrer Gesamtheit zugänglich zu machen. Doch die Angelegenheit sollte sich ziehen.

Zunächst waren einmal Weinproben zu beschaffen, von denen vermutet werden konnte, sie seien mit Diethylenglycol kontaminiert. Anonyme Testweine wurden Dr. Bandion überbracht. Es war vorderhand einmal die Feststellung notwendig, dass Diethylenglycol überhaupt als extrakterhöhendes Fälschungsmittel Verwendung findet. Zu dieser Zeit richtete sich dieser Verdacht in erster Linie auf die sogenannten Pseudoprädikate, die jahrelang kostlich als schlecht aufgefallen aber analytisch nicht oder nur schwer zu beanstanden waren. Dieser Verdacht bestätigte sich bald. Nun war es an der Zeit, dem Labor richtiggehend amtliche Proben zur Begutachtung zu überbringen. Einige Kellereiinspektoren wurden Ende März 1985 von der vorgesetzten Dienststelle angewiesen, mit dem Labor Dr. Bandions diesbezüglich in Verbindung zu treten, um organisatorische Absprachen zu treffen. Über all diese Schritte herrschte noch Geheimhaltung, die vor allem aus Gründen der geplanten Kontrolltaktik und des daraus zu erwartenden Erfolges notwendig erschien. Vom tatsächlichen Beanstandungsausmaß konnte sich damals noch niemand eine Vorstellung machen. Die Proben waren entgegen der Geschäftseinteilung der Anstalt direkt bei Dr. Bandion einzureichen. Dieser Umstand dauerte bis Ende Juni 1985, anschließend war wieder die Abteilung Staatliche Weinkontrolle unter Dr. Bailer zuständig.

Die Nachweisgrenze nach der Methode Bandions lag bei 100 Milligramm pro Liter. Demnach bedeutend tiefer als die anderen Labors, die nach Publikwerden der Fälschungen in die Verifizierungsszene einstiegen. [...]

Von Anfang April 1985 an liefen von Seiten der Bundeskellereiinspektion gezielte Kontrollen. Die jahrelang gehegten Verdächtigungen gegen bestimmte Betriebe und Produkte in der Prädikatsweinszene bestätigten sich vollständig. Niemand ahnte, dass die Kellereiinspektoren damals nur an der Spitze des berühmten Eisberges kratzte. Presse, Radio und Fernsehen brachten nach den ersten Vorfällen Reportagen. Schon am 24. April 1985 berichteten die Medien von einem „Burgenländischen Weinskandal". Zum ersten Mal tauchte das Wort "Frostschutzmittel" im Zusammenhang mit dem verfälschten Wein auf. „Giftwein" war der nächste Hammer, der auf die Beteiligten niederfuhr. Alle waren verschreckt, konsterniert und verzweifelt. Noch dachten Verantwortliche an eine Schadensbegrenzung, doch angesichts des Ausmaßes der Tragödie, die sich erst Ende Juli abzeichnete, war das ein unmögliches Unterfangen – ja geradezu das Verkehrteste, was passieren konnte. Schon nach wenigen Wochen hatte sich die unselige Parteipolitik aller Themen bemächtigt. Was dabei herauskam, war zu erwarten: ein unsachliches Gezänk, das auf alle Fälle mehr schadete als nutzte. Welch ein Wandel! Plötzlich waren alle Maßnahmen zu lax, alles wurde schleifen gelassen. Schuld sollten sowieso nur die Behörden sein, angefangen beim Herrn Bundesminister bis hinab zu den Kontrolleuren und Laboranten. Jene aber, die jahrzehntelang die bestehenden Gesetze und Verordnungen als zu streng und somit wirtschaftshemmend bezeichneten und ihre Anpassung nach unten verlangten, mischten sich von einem auf den anderen Tag in den Chor derer, die nur im absoluten Kontrollablauf das Heil für die Zukunft sahen. Der Schock tat seine Wirkung, ganz allgemein betrachtet – er hielt nicht lange an. [...]

~ ~

Am Jahresende herrschte wieder ein richtig kalter Frostwinter. Am 27. Dezember 1986 verzeichneten wir Temperaturen von -12°C und Mitte Jänner 1987 zweimal -23°C sowie Anfang Feber fast eine Woche lang -18° bis -19°C mit teilweise starkem Raureif. Vom 3. bis 5. März gab es nochmals 3 Tage lang -18°C. Die Frostschäden waren dementsprechend gravierend. Von Hansag bei Andau hört man sogar vom Totalausfall.

Bei eher geringem Kaufinteresse lagen die Weinpreise bei S 11,- für Weißwein und S 13,- bis S 17,- für Rotwein. Die Selbstvermarkter traten als Retter in der Not auf, um sich ausreichend mit Weinreserven einzudecken, da die Ernteaussichten für das Jahr 1987 dramatisch schlecht aussahen. Das allein reichte aber leider nicht. Die Not am Weinverkauf war ziemlich groß, weil vielen das Geld ausging. Die Politik machte sich auch schon Gedanken, wie geholfen werden könnte.

Im Mai 1987 wurde das ganze Ausmaß der Frostschäden deutlich erkennbar, es lag bei 10 bis 100 %, wobei auch Stammschäden erkennbar wurden. Erstmals nach dem Weinskandal kam es wieder zu bescheidenen Verkäufen von Beerenauslesen und Trockenbeerenauslesen.

Der Mörbischer Winzer Franz Schindler berichtete mir, dass er eine Exportmöglichkeit für den Opernballwein nach Deutschland arrangiert hätte. Leider platzte dieser Deal, da das Landwirtschaftsministerium "vergessen" hatte, der Europäischen Gemeinschaft, die österreichischen Weinorte zu melden, was jedoch für die Herkunftsbezeichnung unumgänglich war. Der deutsche Importeur hatte bereits 30.000 Prospekte gedruckt, die Weine waren schon gefüllt und in Kartons verpackt, jedoch alles "für die Katz".

Auch den deutschen Winzern ging es augenscheinlich nicht gut. Der Fassweinpreis lag dort bei DM 0,50 pro Liter, was bei uns S 3,50 entsprach. Das Ausland drängte stark auf den deutschen Markt, besonders Frankreich und Spanien.

Bei uns wurde von den Selbstvermarktern jeder Liter aus der letzten Ernte gesucht, denn die Aussichten für die nächste Ernte standen äußerst schlecht. Das Wetter im Juni war sehr ungünstig. Eher kalte Nachttemperaturen verzögerten die Blüte stark und sie sollte erst sehr spät gegen Ende des Monats Juni enden. Anfang Juli 1987 wurde es plötzlich warm, täglich hatte es bis zu 30°C. Überall, besonders in tieferen Lagen, trat jede Menge Peronospora auf; ganze Rieden waren davon stark betroffen. Im August kam dann bei anhaltend hohen Temperaturen noch starker Befall von Oidium dazu.

Da einigen Winzern der Wein komplett ausging und die Vorräte praktisch am Nullpunkt angelangt waren, mussten wieder die Tore (wie schon früher einmal) versperrt werden, damit keine Kunden anklopfen konnten. Rotwein war fast überall komplett ausverkauft. Viele Weingärten begannen zu faulen. Nur eine Vorlese konnte hier die Situation verbessern, denn für eine chemische Bekämpfung war es schon zu spät.

Die Prädikatsweine – mit Hintergrundinformation

Nachdem diese Weinkategorie erheblich zu den Vorkommnissen von 1985 beigetragen hat, gehört dieses Kapitel selbstverständlich dazu. Ich habe wahrheitsgemäß in chronologischer Reihenfolge über die Ereignisse berichtet. Um mögliche Lücken – wieso – weshalb – warum – umfassender zu erläutern und zu schließen, möchte ich die Zusammenhänge besser erfassen.

Der Betrug begann, wie von mir schon vorher angedeutet, mindestens 10 Jahre vor dem Platzen der Blase 1985. Es waren offenbar immer die Begehrlichkeiten derer, die die Anerkennung ihrer Produkte wegen zu niedriger Reifegrade nicht bekamen und die Kontrolle irgendwie umgehen wollten, um dann doch von den höheren Preisen profitieren zu können.

Es gab 6 Haupttäter, die später verurteilt wurden und eine Reihe von Mittätern sowie eine größere Anzahl von Möchtegernprofiteuren. Die völlig Unschuldigen waren oft genug die Leidtragenden, wenn es um ehrliche Trauben- oder Weinpreise ging, und mussten am Höhepunkt des Weinskandals schuldlos noch Schimpf und Schande ertragen.

Der erste gravierende Manipulationsverdacht entstand bei der Weinaufsicht, als die Weinhändler begannen, „Erntebestätigungen für Prädikatswein“ zu sammeln aber den Normalwein aufladen ließen, anstatt der echten Spätlese. Um diese Weine, die weniger Extraktwerte aufwiesen, bei der amtlichen Weinkontrolle positiv durchzubringen, musste dem Wein ein Extrakterhöhungsmittel zugesetzt worden sein. Wie wir heute wissen, war es das Diethylenglykol, zur damaligen Zeit jedoch völlig unbekannt, zumindest in der Öffentlichkeit und bei der amtlichen Weinaufsicht. (Anmerkung: Diethylenglykol zählt zu toxischen Chemikalien, die NICHT für den Verzehr zugelassen sind. Es ist und war nie Genussmittel. Wegen seines süßen Geschmacks und da es nicht zu den Zuckersubstanzen gehört, wurde es gezielt für den Betrug verwendet. (Es kann bei Verschlucken zu leichten bis schweren Vergiftungserscheinungen kommen, je nach Menge) Ein Detail am Rande: ausgerechnet an meinem Geburtstag hat Dr. Bandion seine effiziente Untersuchungsmethode vorgestellt.
Die verwendeten Mengen waren mit 1 ml je Liter Wein äußerst gering und konnten damals auch noch nicht nachgewiesen werden. Einige Zeit später wurde von einem aufmerksamen Beobachter (siehe Bericht von KI Ing. Brüders) eine Probe in die Untersuchungsanstalt gebracht, wodurch die Aufklärung beschleunigt und so das Rätsel gelöst werden konnte. Die Weinaufsicht vermutete parallel zu den Ereignissen schon lange Manipulationen, konnte jedoch erst einschreiten, als man Kenntnis und Beweise zu der verwendeten Substanz hatte. Bis dahin spielten sich

vorwiegend im Seewinkel, sowohl im Weingebiet, besonders jedoch auf den Traubenplätzen, Dramen ab. Seit Einführung der Mostwäger scheiterten verstärkt Bemühungen, Trauben bei der Kontrolle als „Spätlese“ zu deklarieren und durchzubringen, da die erforderlichen Mindestgrade nicht erreicht oder gar stark verfehlt wurden. Versuche, mit Zucker nachzuhelfen, misslangen kläglich bei den Aufsichtsorganen. Der Zucker hinterließ auf den Trauben deutlich sichtbare Schlieren und der „Täter“ wurde mit Schimpf und Schande sowie einer Anzeige abgewiesen.
Während ich dies schreibe und die Ereignisse von damals ins Gedächtnis zurückrufe, steigt mir augenblicklich noch die „Grausbirn“ auf. Zum Glück haben wir das allesamt schmerzhaft überwinden können und denken kaum noch daran. Es konnte niemand erahnen, dass aus einem der düstersten Kapitel in der Weingeschichte des Burgenlandes, ein „Weinwunder“ werden sollte.

Bei der Weinwoche in Eisenstadt, 1987 am Weinfest der 1000 Weine, herrschte dieses Mal sehr schönes Wetter. Stefan Schneider aus Illmitz wurde für seine Welschriesling Trockenbeerenauslese die „Goldene Traube“ zuerkannt, ein großartiger Erfolg für seine starken Bemühungen bezüglich der von ihm bisher erreichten Weinqualitäten der letzten Jahre. Die Ehrung fand im Schloss Esterhazy statt im feierlichen Rahmen. Es handelt sich dabei um eine durch Sponsoring unterstützte Sonderehrung für die besten Produkte der Weinwoche.

Die Ernte 1987 begann Ende September. Die ersten Trauben wurden mit S 12,- pro kg bezahlt, später dann mit S 9,- bis S 10,- pro kg. In Donnerskirchen gab es Hangweingärten mit außergewöhnlich übergroßem Behang, bis zu 20.000 kg/ha. Die Weinbauern berichteten, dass sie noch nie so viele Einnahmen für ihre Ernte erzielen konnten. Dieses Mal traten ungewöhnlich viele Selbstvermarkter als Einkäufer auf und zahlten auch gute Preise, während der Großhandel sich darüber beschwerte, dass sie diese Preise nicht durchhalten könnten. Die Qualitätsunterschiede einzelner Weingärten waren sehr auffällig. Trauben ohne besonderen Frostschaden waren oft durch starken Behang noch nicht reif und man musste deshalb noch zuwarten. Wo Frostschäden auftraten, waren die Beeren oft schön entwickelt und überreif. Auch die Namensweine hatten teilweise Probleme, da manchmal die Mindestgrade nicht erreicht wurden.

Bei der Ernte erschwerte eine allgegenwärtige Starenplage das Zuwarten auf bessere Zuckergrade. Manche Winzer konnten wegen der Frostschäden kaum eine Ernte einbringen. Der Winzer Wiesinger aus Oggau erntete von 2 ha Weingarten nur 388 kg.

Mit dem neuen Weingesetz nach dem Weinskandal wurde in Eisenstadt eine Weinuntersuchungsanstalt neu eingerichtet. Es war dies eine Einrichtung, in der sämtliche Weinuntersuchungen durchgeführt werden können, inklusive der Vergabe der für den Verkauf bestimmter Weine erforderlichen Prüfnummer.

Histamin – auch ein Problemstoff

Erstmals hat sich dieses Weininstitut dazu bereit erklärt, die Apfelsäure der Jungrotweine zu messen und die Ergebnisse den Winzern zur Verfügung zu stellen. Die Analyse zog sich jedoch über Gebühr in die Länge und die Ergebnisse wurden daher fast schon viel zu spät bekannt. Das Ergebnis war ein Verhältnis von Apfel- zu Weinsäure von etwa 50:50. Der biologische Säureabbau (BSA) der Apfelsäure beim Rotwein funktionierte dieses Jahr an sich ganz gut. Die Rotweine werden dadurch geschmacklich samtiger und angenehm mild. Als Nebenprodukt kann allerdings Histamin entstehen. Meiner Meinung nach ist die Geschwindigkeit dieses Vorganges dafür verantwortlich und entscheidend. Je schneller der biologische Säureabbau vor sich geht, desto mehr Histamin dürfte im Wein entstehen. Es gibt Menschen, die gegenüber Histamin sehr empfindlich sind. Diese müssen deswegen nicht unbedingt auf diesen Genuss verzichten. Es gibt viele Weine, die kaum oder fast gar kein Histamin enthalten. Man muss sie allerdings suchen. Von Weinen, die Kopfschmerzen verursachen, sollte man die Finger lassen. Der BSA wird obligatorisch bei Rotwein angewendet. Bei Weißwein erfolgt dieser sporadisch und eher selten, eventuell absichtlich bei Chardonnay, speziell in kleinen Barrique-Fässern, gelegentlich auch unabsichtlich. Da Histamin heute jedoch ein gesundheitliches Thema ist, sollten besonders größere Betriebe, diesen Wert in einem Labor regelmäßig testen lassen. Wenn die Werte im oberen Bereich angesiedelt sind, muss man den Ursachen nachgehen. Vielleicht wäre eine längere Maischestandzeit eine Option oder eine etwas niedrigere Gärtemperatur? Das herauszufinden wäre fast eine Verpflichtung für jeden verantwortungsvollen Winzer.

Im März 1988 – wir hatten einen sehr milden Winter – war die Nachfrage nach Wein gering und auch die Preise sanken. Für Weißwein wurden S 12 bis 13,- und S 15,- bis S 17,- pro Liter bei Rotwein bezahlt. Die „Vinova" in Wien fand im Mai statt und war wieder ein voller Erfolg. Trotz hoch angesetztem Eintritt von S 180,- gab es sehr großes Interesse. Wir bemerken, dass sich das Kaufverhalten der Weinkunden deutlich veränderte. Die 2-Liter-Flasche wurde ziemlich verdrängt und bei Selbstvermarktern oft mehrere 1000 Flaschen mit 0,75 l gesucht, die manchmal gar nicht lieferbar waren. Die Fassweinpreise fielen um etwa S 1,- bis S 2,-. Im Sommer erlebten wir wochenlang wieder hohe Temperaturen um 38°C. Die Trauben begannen im September schon stärker zu faulen. Als vorbeugende Maßnahme bot sich ein teilweises Entblättern in der Traubenzone an. Ab 29. August bis 20. September gab es insgesamt an die 80 mm Niederschlag, wodurch die Fäulnis noch zunahm. Viele Winzer wollten schon mit der Lese beginnen aber die Zuckergrade waren noch zu niedrig. Auch die Traubenpreise fielen etwas. Die Untersuchung auf den Gehalt der Apfelsäure ergab dieses Mal eher niedrige Werte bei der Apfelsäure, wahrscheinlich war das auf die hohen Temperaturen im August zurückzuführen.

Anekdote eines Weinbauberaters: Am 20. September 1988 kam ein Herr Hobl, ein Hobby-Taucher, zu mir ins Labor. Er hatte aus 30 m Tiefe eine Flasche mit Inhalt aus einem Motorsegler, der angeblich vor 107 Jahren im Roten Meer gesunken war, geborgen. Ich sollte den Inhalt auf Genussfähigkeit überprüfen. Die Flasche war mittelgrün, konisch wie eine Mineralwasserflasche, am Hals verengt und eingeprägt mit N 2. Der ca. 30 mm lange Korkstoppel mit glatter Oberfläche war noch unbeschädigt. Ich zog den Stoppel heraus und öffnete so die Flasche. Der Inhalt war übelriechend nach Schwefelwasserstoff (H_2S), ziemlich hartnäckig und intensiv. Bei der hellen, ziemlich trüben Flüssigkeit dürfte es sich um einen Weißwein gehandelt haben, da keinerlei Farbe erkennbar war und Schnaps eher ausgeschlossen werden konnte. Bei Weinflaschen, die mit Kork verschlossen sind und ein Jahrhundert im Salzwasser liegen, muss man damit rechnen, dass mit der Zeit das Wasser in die Flasche hineindiffundiert und der Wein auch ins Wasser austritt. Herr Hobl war sehr enttäuscht.

HEISS
Arkadenweingut

Unser familiär geführter Winzerhof lädt Sie gleich zweifach ein. Denn sowohl Genießer als auch Erholungssuchende sind bei uns genau richtig!

Hier erhalten Sie die pannonische Vielfalt im Glas. Es erwarten Sie fruchtige und frische Weißweine, gehaltvolle Rotweine sowie edelsüße Prädikatsweine.

Das Arkadenweingut Heiss bietet Ihnen neben hervorragenden Weinen auch ein entspannendes Urlaubserlebnis am Winzerhof. Genießen Sie die herzliche burgenländische Gastfreundschaft inmitten der atemberaubenden Kulturlandschaft des Nationalparks Neusiedlersee-Seewinkel. Abwechslung und Erholung pur sind hier garantiert!

Jungwinzer Christian Heiss, der zukünftig die Geschicke des Betriebs leiten wird, belegte beim großen Falstaff Voting zum beliebtesten Nachwuchswinzer 2023 den ersten Platz im Burgenland

JUNG, AUTHENTISCH UND UNVERFÄLSCHT

Die von Christian kreierte Weinmarke STOAK ist die Premiumline des Hauses.
Diese steht für kraftvolle, schwere und bekömmliche Weine – in Eichenfässern gelagert – elegant, klar und zeitgemäß - STOAKe Weine eben!

Arkadenweingut-Gästehaus
Familie Heiss
Obere Hauptstraße 20
7142 Illmitz, Austria
+43 (0) 650 80 17 555
office@arkadenweingut-heiss.at
www.arkadenweingut-heiss.at

Die Weinernte 1988 begann im Bezirk Eisenstadt Anfang Oktober. Etliche stellten nach kurzer Zeit die Lese wieder ein und warteten noch eine Woche zu, wodurch die Zuckergrade bis dahin deutlich zunahmen. Auch der Traubenpreis wurde dann höher mit S 4,50 bis S 5,- pro kg für weiße und S 5,50 für rote Trauben. Der Winzerverband übernahm auch Trauben mit 13°KMW für sogenannten „Industriewein“, natürlich mit geringerem Preis. Allerdings wies dieser – wie durch ein „Wunder“ –im Tank plötzlich Zuckergrade von 14°KMW auf. Da wurde wohl absichtlich falsch gemessen. Die Weinbauern lieferten daraufhin Ihre Trauben an den Handel, der diese ohne Einschränkung übernahm und auch bezahlte.

Fast alle Weinbauern hatten bei der Ernte des Jungweines mit der Säure zu kämpfen und die Traubenwerte waren oftmals bedenklich niedrig. Am 5. November hatten wir mit -8 bis -9°C die allerfrüheste Eisweinernte, die jemals im Burgenland möglich war und von vielen genutzt wurde.

Die Weinpreise im Dezember fielen auf einen neuen Tiefpunkt und bewegen sich jetzt um S 7,- für Weißwein und S 10,- pro Liter für Rotwein, allerdings bei sehr zögerlicher Nachfrage. Am 17. und 18. April 1989 wurden leichtere Frostschäden in tieferen Lagen durch Temperaturen von -2 bis -3°C festgestellt. In Niederösterreich wurde sogar bis -5°C gemessen. Der Weinpreis gab jedoch schon wieder um S 1,- nach.

Eine Zwischenepisode

In Politikerkreisen wurde von einer Weinaufkaufaktion gesprochen. Es war eine Stützungsaktion für Qualitätswein geplant, doch die Durchführung musste erst noch ausgearbeitet werden. Man hatte mich als Geschäftsführer vorgesehen und ich sollte bald bedauern, dem zugestimmt zu haben.

Diese neue Gesellschaft trug den Namen BWG und wurde im Mai 1989 gegründet. Als einer von zwei Geschäftsführern war ich für die Übernahme und Betreuung des Weines zuständig. Die finanziellen Belange wurden von einem Revisor des Raiffeisenverbandes übernommen. Die Gesellschaft setzte sich aus mehreren Banken zusammen, die die finanziellen Mittel zur Verfügung gestellt hatten.

Die Abläufe entwickelten sich sehr rasch. Die Sensale begannen sofort, Weinproben zu ziehen. Ich musste zunächst allein Grundregeln festlegen, nach denen die Weine beurteilt wurden. Als unterstes Limit legte ich eine Säure von 6 ‰ und höchstens 120 mg Gesamt-SO_2 fest. Diese Werte allein haben genügend Anlass für stundenlange Telefonate mit Uneinsichtigen bieten können. Ich war jedoch nicht bereit, in dieser Hinsicht Kompromisse einzugehen. Die Weine wurden zunächst auf diese Parameter hin untersucht und anschließend von einer unabhängigen Kostkommission auf geschmackliche Einwandfreiheit verkostet.

Diese Arbeiten waren derartig stressig, dass ich tatsächlich an die äußerste Grenze meiner Leistungsfähigkeit stieß. Gleichzeitig musste ich den zahlreich anrufenden Weinbauern erklären, warum gerade ihr Wein abgelehnt worden war. Dies geschah ständig neben der ohnehin stark beanspruchenden Arbeit. Bis auf meinen Helfer war ich ganz auf mich allein gestellt. Im Genossenschaftskeller Donnerskirchen, wo die Weine eingelagert werden sollten, ließ ich mit einer sechs Mann starken Kostkommission die Weine qualitativ überprüfen. Wenn ein Wein als geschmacklich fehlerhaft eingestuft wurde, war das ein triftiger Grund, diesen Wein von der Aufkaufaktion auszuschließen, doch dagegen wurde dann wiederum protestiert. An etlichen Tagen war ich fix und fertig – manchmal ein echt übler Zustand. Dabei konnten etliche Weine (fast 3000 hl, etwa 25 % der gesamten Menge), die z.B. wegen Böckser abgelehnt wurden, kurzfristig repariert und als zweite Probe dann anstandslos angenommen werden. Insgesamt waren es mehr als 1200 Weinproben, die ich auf diese Weise begutachten musste.

Der Beginn der Weineinlagerung war der 3. Juli und wurde am 2. August abgeschlossen. Da ich die endgültige Anzahl des zu übernehmenden Weines bereits Mitte Juli bekanntgeben musste, konnte ich die Proben, die immer noch gebracht wurden, nicht mehr berücksichtigen.

Ein Vorfall ist mir besonders in Erinnerung geblieben, den ich nicht verschweigen möchte. Durch die Sensale erhielt ich laufend Weinproben. Darunter befanden sich auch Proben mit einer Gesamtmenge von 10.000 Litern von einem Produzenten aus Apetlon. Leider mussten diese auf Grund zu geringer Säure abgelehnt werden. Am nächsten Tag überreichte mir der Sensal ein anonymes Kuvert. Als ich hineinschaute, fand ich S 1.000,- darin. Ich gab das Kuvert original wieder zurück und sagte zum Sensal: „Ich habe mit ruhigem Gewissen einige tausend Hektoliter Wein abgelehnt. Wegen 100 Hektolitern Wein und 1.000 Schilling werde ich mir kein schlechtes Gewissen auflasten.“ Einige Zeit später begegnete ich zufällig diesem Landwirt im Seewinkel. Er drehte sich weg, als er mich sah, die Begegnung schien ihm sichtlich peinlich zu sein.

Eingekauft wurden Normalweine der Sorten Welschriesling und Weißburgunder. Die verschiedenen Tanks wurden dann kellertechnisch untersucht und behandelt, einschließlich anschließender Filtration. Teilweise fand ein biologischer Säureabbau und eine leichte Nachgärung statt, was kaum verhindert werden konnte, da sich der Vorgang im Hochsommer bei hohen Temperaturen abspielte. Das Ziel dieser Aktion, die Weinpreise zu stabilisieren, wurde jedoch nicht erreicht. Die Weine wurden noch zu S 7,- pro Liter eingekauft. Der Weinpreis wurde jedoch bald rückläufig und lag kurz vor der neuen Weinernte bei S 5,- pro Liter, obwohl mit einer um mindestens 1/3 geringeren Ernte als im Vorjahr gerechnet wurde.

Bei einer Weingartenbegehung Ende September 1989 in Illmitz wurde festgestellt, dass die Zuckergrade noch recht bescheiden waren, aber die Beeren stark faul waren. Es mussten Überlegungen angestellt werden, ob in manchen Weingärten nicht die gesunden Trauben herausgelesen werden sollten, um einen Normalwein zu ernten, während die faulen zu einer höherwertigen Gradation hängen gelassen werden könnten. Alles zu ernten, hätte höchstens eine Spätlese hervorgebracht. Hier waren eher die routinierten Ruster gefragt. Die ersten Traubenpreise lagen bei S 4,- für Weiß und S 5,- für Muskat und Rot.

Das Jahr 1989 bestätigte sich wieder einmal als Jahr der Extreme. Ende September hatten wir eine Woche lang „Hochsommer“ und Anfang Oktober herrschten Temperaturen wie im „Kühlschrank“. Die Lese hatte bereits eingesetzt und viele Winzer brachten nur die halbe Ernte ein. Die Traubenpreise stiegen dann auch um S 1,-.

Am 11. Oktober kam ich zufällig beim Traubenplatz in Purbach vorbei und erlebte dort ein Fiasko bei der Traubenübernahme. Zwei Winzer lieferten bei einem Händler ihre Trauben ab und luden diese auf seinen Lastwagen um. Die Zuckergrade waren gute 16 bis 17°KMW. Dann kam ein weiterer Winzer dazu mit einer großen Partie ziemlich grüner Trauben und begann diese, ohne dass die Trauben vorher gemessen worden wären, auf die anderen Trauben zu schaufeln. Da kam plötzlich der amtliche Mostwäger und maß die Zuckergrade. Diese betrugen jedoch nur 11°KMW und das bedeutete „NICHT verkehrsfähig“. Der Händler hatte zwar nicht aufgepasst, aber jetzt lehnte er die Übernahme der Trauben komplett ab, und die Trauben mussten von allen wieder abgeladen werden. Die drei Traubenlieferanten mussten also ihre Trauben selbst aufteilen. Das endete jedoch in einem veritablen Streit, sodass der Gendarm geholt werden musste, der dann für Beruhigung der erhitzten Gemüter sorgte.

Die Zuckergrade waren teilweise noch etwas niedrig und es sollte mit der Ernte noch zugewartet werden. Das wurde auch bei den Winzergenossenschaften deutlich angemerkt. Die Plage mit den gefräßigen Staren war in diesem Jahr jedoch wieder besonders groß.

Viele Flaschenfüller kamen jetzt auch zu der Meinung, die Massenträgersorten wie Müller-Thurgau, Goldburger und unter Umständen Grüner Veltliner – Letzterer vor allem dort, wo er nicht hingehörte – zu reduzieren, da es bei diesen Sorten öfter Probleme mit der Säure und der Reife gab. Man plante schon die Rodung. Es gab immer mehr Überlegungen zu Qualitätsverbesserungen - ein deutliches Zeichen eines Wandels Die. Vernunft hielt Einzug und ein neues Qualitätsbewusstsein gewann die Oberhand. Die Aufzeichnungen der Niederschläge von März bis Oktober ergaben insgesamt 460 mm, was einem überdurchschnittlichen Wert entsprach. Im Dezember hatten wir kurzfristig mit bis -6°C leichten Frost.

Das Jahr 1990 begann ausgesprochen trocken und sollte sich über die Monate so weiterentwickeln. Die niedrigste Temperatur im Winter war mit -10°C bis Mitte Feber eher bescheiden. Die Niederschläge im Frühjahr waren mehr als mager und völlig unzureichend, das sollte sich auch über den Sommer nicht bessern. Die Weinpreise waren wenig ermutigend und lagen bei Weißwein um S 6,- bis S 7,-, bei Rotwein S 8,50 bis S 10,- pro Liter.

Die Trockenheit – ein Allzeitthema

Die anhaltende Trockenheit über den Sommer nahm bereits extreme Ausmaße an. Die Sträucher am Wegesrand ließen die Blätter hängen. In vielen Weingärten mit überdurchschnittlichem Traubenbehang reiften diese ungenügend aus. In einigen Weingärten wurden teilgeschädigte Trauben abgeschnitten, wodurch eine wesentliche Verbesserung an den verbliebenen Trauben eintrat. Wieder einmal kursieren Gerüchte von einer Rekordernte, die es gar nicht geben konnte. Außerdem kündigte sich eine extrem schwache Pressausbeute an. Der Logik folgend wird man wohl vor dem Auspflanzen der ausgewählten Rebsorte mehr Beachtung schenken müssen und trockenbodenverträglichen den Vorzug geben.

WEINGUT MAD

OGGAU

Eine schier unendliche Wasserfläche, glitzernd in der Sonne. Ein Berg, steinig schroff, gleichzeitig saftig grün und bunt blühend.

Neusiedler See und Leithaberg, an der Grenze zu Ungarn. Hier liegt die Gemeinde Oggau.

MAD – stark verwurzelt & ein wenig verrückt

MAD. Familienname und Programm. Klingt verrückt? Sind wir auch. Verrückt nach Tradition, denn seit 1786 produzieren wir Wein.

Seit jeher prägen uns unsere Wurzeln. Im großen Verbund von Großeltern, Onkeln und Tanten half jeder zusammen, es gab ein Miteinander. Der Spaß, die Freude an dem, was wir tun, war immer spürbar. Schlussendlich hat sich dieses „Trauen“ aber immer auch ausgezahlt.

Bereits in den 80er Jahren haben wir vorgedacht und auch auf damals noch rare Sorten gesetzt. So kann nun auf alten Rebbestand in sämtlichen Anlagen zurückgegriffen werden. Bestes Traubenmaterial wird im Keller lediglich verfeinert, spezifische Charaktere herausgearbeitet, der Wein begleitet.
Vegane Weine – klingt verrückt? Für uns nicht. Denn ganz bewusst produzieren wir auch vegane Weine, gänzlich frei von tierischen Produkten. Auf die von Tieren stammende Schönungsmittel wird gänzlich verzichtet. Unsere veganen Weine sind selbst-verständlich auch zertifiziert.

Weingut MAD
Antonigasse 1, 7063 Oggau
Tel: +43 2685 7207 Fax: +43 2685 7207-4
www.weingut-mad.at office@weingut-mad.at

Beim Weinhändler Höld in St. Georgen wurden Anfang September Frühtrauben mit einer erstaunlich geringen Ausbeute von 43 % abgepresst. Üblicherweise rechnete man mit mindestens 65 bis 70 %. Die ersten Traubenpreise lagen bei S 5,- pro kg aber es war unwahrscheinlich, dass es bei diesem Preis bleiben sollte.

Eine erneute Aufkaufaktion „zum Verspriten" wurde gestartet zu S 5,- pro Liter mit der Absicht, Weinbrand zu erzeugen. Die Aktion wurde so stark angenommen, dass die vom Sensal gemeldeten Mengen um 70 % gekürzt werden mussten. Insgesamt wurden etwa 50.000 hl aus dem Markt genommen.

Unsere Gesellschaft BWG erhielt den Auftrag, möglichst viele Beeren- und Trockenbeerenauslesen aufzukaufen und zwei Jahre lang auf Sperrlager zu legen. Diesmal blieb mir zumindest die Untersuchung der Proben erspart, da sämtliche Proben ein amtliches Untersuchungszeugnis vorweisen mussten. Seit der Einrichtung der Untersuchungsanstalt in Eisenstadt nach dem Weinskandal wurden sämtliche Weine, egal ob für die Prämierung, den Verkauf oder eine andere Bestimmung vorgesehen, verpflichtend dort untersucht.

Die Entwicklung der Reben ließ kaum Hoffnung aufkommen, dass es bei der kommenden Ernte zu einer größeren Menge an Prädikatswein kommen könnte. Im Seewinkel waren fast alle Lacken inklusive der Langen Lacke ausgetrocknet. Die meisten Vögel waren fort und auch der Neusiedlersee schwand zusehends.

Mitte September war ich in Illmitz, um den Reifefortschritt der Weingärten zu begutachten. Die gemessenen Zuckergrade waren stark abhängig von Sorte und Behangdichte. Bei Welschriesling und Grünem Veltliner mit starkem Behang lagen die Gradationen um 13°KMW. Ein junger Klonenweingarten mit zu großem Behang war mit 10°KMW noch völlig unreif. In allen Weingärten gab es leichte Dürreschäden verschiedenster Art. Manche Beeren waren so trocken, dass sie gar keinen Saft abgaben. Ganze Trauben könnten teilweise gar nicht geerntet werden.

Weinernte 1990 – der Weinsensal von Schützen erhielt den Auftrag, 1 Million kg Trauben zu einem Preis von S 2,- pro kg zu übernehmen. Anzumerken ist jedoch, dass bessere Qualitäten auch besser bezahlt wurden, z.B. für Weißburgunder S 6,- bis 7,- pro kg, bei blauen Trauben über 15°KMW S 5,-. Einige der ersten Partien wurden gleich an Sektfirmen geliefert. Die ersten

Pressergebnisse waren als ausgesprochen schlecht zu bezeichnen und erreichten manchmal nicht einmal 60 %. Das führte zu der absolut ungewöhnlichen Situation, dass sich nach der Entleerung neben den Pressen riesige Tresterrückstände auftürmten, aber die Weinbehälter nur halb voll wurden.

Ende September/Anfang Oktober war ein interessantes Phänomen zu beobachten. Durch halbwegs gute Regenfälle kurz vor der Ernte veränderten sich die Trauben sichtbar. Die Beeren mancher Trauben wurden derart groß, sie wirkten wie kleine Ballons.

Die Traubenmoste litten durchwegs an Säurearmut und wiesen manchmal nicht einmal 6 ‰ auf. Bei der Ernte war wieder mehr auf die Säure zu achten als auf die Zuckergrade. Es wurde versucht, möglichst wenig Zucker zu verwenden, da jedes Kilogramm Zucker die Gärung verlängerte und dann auch zu noch weniger Säure führen würde.

Bis zum Ende der Ernte fiel der Traubenpreis sogar teilweise bis auf S 1,50. Die Situation wurde immer prekärer. Manche Winzer hatten ein schwerwiegendes Platzproblem. Der für die Aufkaufaktion vorgesehene Wein war noch nicht abgeholt worden und so fehlte ihnen der Fassungsraum. Eine neue Stützungsaktion wurde beschlossen, aber nur für Genossenschaftsweine. Viele Weinbauern empfanden diese ganzen Stützungsaktionen weitgehend als sinnlos. Oft lagen diese Weine noch auf Lager, während die nächste Ernte näher rückte. Aus Händlerkreisen hörte man, dass Jungwein bald um S 4,- pro Liter in der Flasche zu haben sein würde. Die Lage wurde immer bedrohlicher und hing gleich einem Damoklesschwert über der Weinbauernschaft.

Anfang Dezember 1990 gab es mehrmals Eisweinwetter. Es wurde sehr streng kontrolliert und es mussten auch etliche Produkte aberkannt und zu „Industriewein“ degradiert werden.

Das Jahr 1991 begann kühl und im Feber fiel das Thermometer auf –16°C. Im Mai erlebten wir einen Rekordregen von 200 mm. Zum Glück fiel der Regen eher langsam, sodass sich die Überschwemmungen in Grenzen hielten. Allerdings stand das Wasser überall auf den Feldern und die Wulka trat über die Ufer. Der Neusiedlersee konnte sich dadurch etwas erholen. In Wulkaprodersdorf standen einige Häuser in einem gefährdeten Gebiet und auch die Gärtnerei, die direkt neben der Wulka ihren Standort hatte, unter

Wasser. Vom Seewinkel hörte man, dass viele Bodenbrüter ihr Gelege verloren.

In diesem Jahr erlebten wir wieder einen sehr langen Austrieb. Das führte zu einem enormen Befall durch Milben. Außerdem waren auffallend viele Hauptaugen nicht angetrieben. Ende April gab es einen leichten Bodenfrost. Dieser Frost wirkte sich zwar bei uns nicht so stark aus, dafür aber in halb Europa umso mehr. In Deutschland und Frankreich wurden große Weingebiete und auch Obstanlagen durch kalte Nachttemperaturen stark geschädigt.

Das Wetter war sehr unbeständig. Traurig, aber man hätte sich beinahe ein schlechtes Blühwetter wünschen können, um die vorherrschende Absatzproblematik ein bisschen zu entschärfen. Derzeit gab es nur kleine Weinverkäufe, etwa um S 4,50 pro Liter, aber es fehlt einfach der potente Handel, den es seit dem Weinskandal nicht mehr gibt. Inzwischen wurden unter den Handelsbetrieben wieder einige Konkurse angemeldet.

Die Blüte fand erst gegen Ende Juni 1991 statt und war auch ziemlich rasch beendet. Zeitgleich blühten auch noch die Pfingstrosen, so spät wie schon lange nicht. Anschließend hatten wir eine Wärmeperiode mit über 30°C. Es gab allerdings keine Krankheiten. Der Weinverkauf stagnierte zur Gänze. Es sollten angeblich Weine aus einem Sperrlager um S 3,50 pro Liter verkauft werden. Es herrschte die Meinung: „Wir könnten jetzt den Wein verschenken und trotzdem würde ihn niemand nehmen." Das klang jedenfalls schon sehr dramatisch. Beerenauslesen wurden schon um S 30,- pro Liter angeboten. Da konnten wir mit unserem Wein von der BWG gar nicht mithalten.

Im September 1991 war erkennbar, dass die Ernte beim Weißwein doch etwas geringer ausfallen würde, jedoch nicht beim Rotwein. Derzeit der größte Weinhändler, Firma BILLA, kaufte im Seewinkel größere Mengen zum Preis von S 4,- pro Liter. In den Weingärten trat deutlich Oidium auf. Die ersten Traubenverkäufe im September zeigten eine Mindesternte von etwa 20 %. Die Niederschläge vor der Ernte waren ausreichend und führten wieder zu einer bescheidenen Edelfäule.

Die sogenannte Notwehrgemeinschaft demonstrierte auf der Autobahn in Nickelsdorf direkt an der Grenze. Die Teilnehmer mussten aber mit Regressforderungen sowohl des Staates als auch der Frächter rechnen, die durch die Blockade betroffen waren. Trotzdem war eine weitere Aktion angekündigt. Die Forderungen waren meiner Meinung nach etwas unklar definiert und realitätsfern überzogen (Weinpreis S 10,-).

Nach Jugoslawien hätten wir eine schöne Exportmöglichkeit gehabt, leider brach dort der Krieg aus. Exporte an andere Oststaaten scheiterten, weil es dort am nötigen Kapital fehlte.

Anfang Oktober herrschte an der Traubenfront noch gespannte Ruhe. Begonnene Ernten wurden wieder infolge zu geringer Zuckerwerte eingestellt. Bezahlte Traubenpreise von S 2,50 waren eindeutig zu niedrig. In Rust hatte es einen größeren Streifen inmitten der Rieden verhagelt. Nachdem die Trauben sich schon im Reifestadium befanden, musste sofort gelesen werden. Jeder Tag Verzögerung erhöhte die Essiggefahr. Einige Winzer hatten ihre Weingärten zu stark und zu spät gestutzt. Damit wurde die „Zuckerfabrik" des Rebstockes abgeschnitten, wodurch die Trauben in ihrer Reife stark verzögert waren.

Anfang Oktober 1991 regnete es fast jeden zweiten Tag und die Trauben begannen massiv zu faulen, es kam sogar zu Klumpenbildung. In Oggau wurden am 8. Oktober Beerenauslesen mit 28 bis 29°KMW geerntet.

Die Traubenpreise sanken Anfang Oktober auf S 2,- pro kg. Es gab erhebliche Fäulnis, auch bei Blaufränkisch. Hätte man rechtzeitig die Blätter in der Traubenzone entfernt, wäre das nicht passiert. Auch die Zuckergrade wären höher gewesen.

In manchen Weingärten konnte man von Weitem ein rötliches Leuchten erkennen. Bei näherem Hinsehen stellte man fest, dass es sich um einen Spätbefall von Milben und Roter Spinne handelte. Aber auch Peronospora wurde gleichzeitig konstatiert.

Mitte Oktober 1991 wurden von Weinhändlern plötzlich unübliche Preise angeboten. Die Firma Moser zahlte für Trauben vom Blaufränkisch ab 17°KMW S 7,- pro kg und für 18°KMW S 8,- pro kg.

Bei Weißweintrauben war die Ernte durchwegs um 1/3 geringer als normal. Manche Betriebe waren auch sehr früh mit der Ernte fertig.

Auszug aus dem Buch DER WEINSKANDAL von Walter Brüders, Verlag Denkmayr Linz, 1999, Seite 61 Absatz 2, Seite 62 Absatz 1

[...] Bei der ALVA-Tagung in Linz Ende Mai kündigte Dipl.-Ing Niesner von der Bundesanstalt für Lebensmitteluntersuchung in Wien ein GC-Verfahren an, das ohne wesentlichen Mehraufwand die Nachweisgrenze weit unter 100 Milligramm pro Liter drücken könne. Am 5. Juli war es dann soweit. Dr. Holzer von derselben Organisation wie Niesner stellte eine GC-Methode fertig, die DEG im Wein mit einer Nachweisgrenze von 5 Milligramm im Liter orten konnte. Die Retentionszeit von DEG liegt bei fünf Minuten, was einen zügigen Routinebetrieb versprach. Bei geringen Gehalten war eine Absicherung massenspektrometisch notwendig.

Also genau mit dem zeitlichen Aufleben der zweiten Verfolgungswelle, dem 12. Juli 1985 fiel diese Untersuchungsperfektion zusammen. Fast ist man geneigt, im Sinne des Kabarettisten Hans Peter Heinzl zu sagen „Gute Nacht Österreich". Doch noch einmal zurück in die letzten Tage des Monats April! Alles war in Aufruhr. Die Kellereiinspektion verfolgte gezielt Großbetriebe, auch bereits in Niederösterreich; wo sie bei allen Kellereien, die schon lange leider nur einen vagen Gesamtverdacht lieferten, bezüglich DEG fündig wurde. Beschlagnahmungen enormer Mengen verfälschten und weiters auch dem Verdacht der Gesundheitsschädlichkeit ausgesetzten Weines wurden durchgeführt. So zog man in kürzester Zeit hunderte Hektoliter dieser Produkte aus dem Verkehr. Die Revisionstaktik war, möglichst konzentriert und intensivst vorzugehen, um eine weitere Streuung einzudämmen. Jeder Tag brachte neue Erkenntnisse. Die Hoffnung, die Sache beschränke sich nur auf ein paar Außenseiter, musste bald fallen gelassen werden. Auch die territoriale Ausbreitung nahm jeden Tag zu. Schon wusste man, dass die Affäre „kein burgenländisches Problem" sein konnte. Weiters wurde erkannt, dass der Prädikatsweinsektor nicht alleine betroffen sei. Die Untersuchungsergebnisse bestätigen diesen Verdacht. Auch Normalweine trugen das gefürchtete Kainsmal. [...]

Auszug aus dem Buch DER WEINSKANDAL von Walter Brüders, Verlag Denkmayr Linz, 1999, Seite 61 Absatz 2, Seite 62 Absatz 3

[...] Von der Landwirtschaftlich-chemischen Bundesanstalt wurden die ersten Anzeigen bei Gericht erstattet. Sie bezogen sich auf die Nachweisgrenze von 100 Milligramm. Verwirrend in diesem Zusammenhang war der Umstand,

dass diese Grenzen durch die Bundesanstalten zu verschiedenen Zeitpunkten je Labor verändert wurden. Innerhalb kurzer Zeit sanken diese von 200 auf 100, dann weiter auf 50 sowie auf 10 Milligramm, und schließlich pendelten sich die Werte auf 5 Milligramm ein. Der Zeitpunkt dieser Reduktionen war von Anstalt zu Anstalt leider nicht einheitlich. Auch der Ernst dieser furchtbaren allgemeinen Situation konnte persönliche Ressentiments innerhalb der Laborvorstände nicht verhindern. Auf das Verschnittfiasko wurde schon aufmerksam gemacht. Schließlich und endlich saß die Weinwirtschaft auf der x-fach vermehrten kontaminierten Weinmenge fest. Ein Flottkriegen des Unglücksschiffes war ein für allemal unmöglich geworden. [...]

~ ~

Vom 24. zum 25. Oktober 1991 gab es Temperaturen von -4°C. Daraufhin fielen alle Weinblätter ab und die Trauben der noch nicht geernteten Weingärten hingen ungeschützt wie im Kühlschrank. Einige Winzer wollten nun auf Eiswein warten. Am 9. Dezember war es dann endlich soweit, jedoch nicht ohne Probleme. Eine Temperatur von -10°C war fast etwas zu niedrig . Dazu kamen noch die Auswirkungen der vielen Niederschläge im Oktober, welche zu minderen Zuckergraden und damit zu weniger Extrakt führten. Die Trauben waren so hart gefroren, dass beim Pressen manchmal kaum Saft austrat, oft nur 10 %. Dieser Tag löste jedoch einen regelrechten Boom aus. Im Bezirk Neusiedl waren 150 und im Bezirk Eisenstadt 50 Winzer zur Eisweinernte angemeldet.

Das Fassweingeschäft stagnierte bei Preisen von S 4,50 bis S 5,- pro Liter. Durch einen ziemlich milden Winter waren die meisten Winzer Ende Feber 1992 bereits mit dem Rebschnitt fertig. In diesem Jahr sollte ein Versuch gestartet werden, um mit Raubmilben aus Tschechien dem Milben-Problem besser zu begegnen.

Der Austrieb der Reben im Frühjahr 1992 war relativ früh. Mitte Mai war auch die Rapsblüte schon vorbei und die Pfingstrosen waren voll aufgeblüht. Normalwein war wenig gefragt. Bei Nachfrage wurde für Beerenauslese etwa S 30,- pro Liter und für Trockenbeerenauslese S 50,- pro Liter geboten, was als äußerst unbefriedigend empfunden wurde aber Betriebe in Geldnot waren auf den Umsatz angewiesen.

Spektakuläre Veränderungen kündigten sich an

Insgesamt vollzog sich im burgenländischen Weinbau eine kaum beachtete Revolution. Nach dem Weinskandal von 1985 begann Ing. Franz Schuster, Kollege und Weinbaulehrer an der Weinbauschule Eisenstadt, mehrere Jahre hintereinander Exkursionen für die Absolventen der Schule nach Frankreich zu organisieren. Ich begleitete diese auch einige Male. Diese Fahrten waren bestens organisiert und führten zu Besichtigungen vieler renommierter Betriebe, deren Aktivitäten von unseren Teilnehmern ausgiebig analysiert wurden. Es gab zwar schon in den Jahren zuvor Fahrten nach Frankreich, jedoch hatte keine davon eine derartige Auswirkung auf das darauffolgende Verhalten unserer Weinbauern wie diese.

Im Nachhinein kann man sagen, diese Reisen hinterließen bei den teilnehmenden Winzern einen enorm nachhaltigen Eindruck und führten grundlegende Veränderungen in der Wirtschaftsweise der burgenländischen Winzer herbei.

Die erste Maßnahme war die Einführung von Barrique-Fässern. Das sind kleine Fässer mit 225 Liter Inhalt, die aufgrund ihrer relativ großen Oberfläche, dem Wein im Vergleich zu den üblicherweise verwendeten größeren Holzfässern, einen mehr oder weniger intensiven Holzton verleihen. Diese Maßnahme führte dazu, dass der bisher verpönte und als Fehlton interpretierte Holzgeschmack auf einmal salonfähig wurde. Teilweise wurde dieser Weinausbau derart stark zelebriert, dass mit der Zeit Zweifel an dieser Methode aufkamen, ob dies der richtige Weg sei. Oft lag es jedoch an den verwendeten Weinen, da zu dünne und schlanke Weine dafür nicht geeignet waren und der Holzton zu stark und penetrant hervortrat. Es dauerte einige Zeit, um zu erkennen, dass selbst bei wohlwollendster Beurteilung, der starke Holzton dieser Weine nicht mehr toleriert werden konnte und eher negativ einzuordnen war. Für diese kleinen Fässer müssen die Weine kraftvoll und extraktreich sein, dann sind sie manchmal sogar in der Lage, den typischen Holzton, kaum mehr geschmacklich erkennbar, zu integrieren. Heute könnte man von einer Entwicklungsphase sprechen, denn leichte Holztöne werden bei einer Verkostung jetzt durchwegs toleriert und auch nicht mehr auf dem Etikett ausgewiesen. Es wurde in renommierten Betrieben zur Selbstverständlichkeit, solche Weine im Angebot des Hauses zu präsentieren, wobei sich jedoch der Holzton geschmacklich eher im dezenten Bereich zeigt. Zusätzlich tragen der Einbogenschnitt sowie allfällige

Traubenausdünnung zu einer geringeren Ernte und damit höherer Qualität bei.

Ganz augenscheinlich, um nicht zu sagen spektakulär, entstanden in weiterer Folge eine ganze Reihe von Betrieben, die wie Phönix aus der Asche neu aufgebaut wurden. Im Einzelfall wurden mit mehreren Millioneninvestitionen Prunkbauten neu errichtet, zumindest im Vergleich zu vorher mit großartiger Änderung der Betriebsstruktur, besonders was die Weinpräsentation betraf. Es entstanden teilweise riesige Barrique-Keller und andere Räumlichkeiten, zumeist weitgehend ebenerdig, ähnlich den französischen Vorbildern aber mit einer deutlich burgenländischen Note. Auch wurde in den folgenden Jahren in Maschinen zur Qualitätsverbesserung investiert und in Einzelfällen in erhebliche Flächenvergrößerungen.

Bei meinem letzten Vortrag, den ich in Rust hielt, sprach ich besonders über die schonende Behandlung der Trauben und die dazu erforderlichen Geräte. Meine Zuhörer damals zeigten sich wenig begeistert von etwaigen Investitionen in teure Maschinen. Wenn ich mir die meisten Winzerbetriebe heute anschaue, die sich großzügig mit den von mir damals geforderten Geräten ausgestattet haben, hat sich ein echter Sinneswandel vollzogen und die damaligen Gegenargumente sind heute kein Thema mehr.

Parallel dazu hat ein gravierender Strukturwandel im Weinbau insgesamt stattgefunden. Die allgemein schlechten Trauben- und Weinpreise führten dazu, dass vor allem viele Nebenberufswinzer aufhörten. Viele dieser und manch andere Leute rodeten ihre Weingärten. Einige verkauften ihre Grundstücke an interessierte Weinbauern, die sich dadurch vergrößern konnten. Somit fand eine nicht unerhebliche Flächenreduktion statt. Es war auch die logische Folge des durch den Weinskandal in Konkurs gegangenen großen Weinhandels, den auch kleine Handelsbetriebe nicht überlebten. Diese Entwicklung sollte noch lange nicht abgeschlossen sein und zog sich ins neue Jahrtausend hineinziehen.

Der Wandel, der im Keller stattfindet

In den nach wie vor dynamisch arbeitenden Betrieben gab es überall ebenfalls eine Veränderung. Vielen wurde bewusst, dass die Massenproduktion offenbar keinen Erfolg bringt. Vielfach wurde nun nach französischem Vorbild nur noch der Einbogenschnitt angewendet. Zusehends wurden die Stärken erkannt und genutzt, die in unserem herrlichen Weingebiet auch heute noch liegen. Ein erheblich großer Teil wurde natürlich ausgebaut, wofür auch die Namensweine Pate standen und als Vorbild dienten (Opernball-, Haydn-Wein usw.).

Hier entstand plötzlich eine neue Generation von Wein, wie es sie auf diese Art bisher in diesem Ausmaß kaum gab. Die Erkenntnis, einen Wein so gedeihen zu lassen, wie er gewachsen ist, ohne Zutun oder Manipulation, hat viele, vor allem jüngere Winzer in der Überzeugung bestärkt, dass wir im Burgenland in einem gesegneten Land leben, wo man Wein erzeugen kann, den andere Weingebiete gar nicht hervorbringen können. Die generelle Kühlung der Behälter während der Gärung, die heute zur Standardausrüstung gehört, hat ebenfalls zu dieser Entwicklung beigetragen.

Bild 10 Umzug zum Weinfest

Ein spezielles Kapitel im Burgenland ist der Rotwein. Man kannte seit jeher nur den Blaufränkisch, eventuell noch den St. Laurent. Später kam dann der Blaue Zweigelt dazu, der sich aber eher als Massenträger etablierte und dementsprechend oft dünne, hellfarbige Weine brachte. Nur in Jahren mit kleinem Ertrag zeigte er oft kurz auf, was in dieser Sorte an großem Qualitätspotenzial steckt. Dann kamen noch weitere Sorten dazu, wie Cabernet Sauvignon und Franc, Pinot Noir, Shiraz und Merlot, die sich bei uns bestens integriert haben. In Jahren mit kleinen Ernten zeigen sich oft Qualitäten, die belegen, dass wir bei der richtigen Behandlung der Reben und der Trauben bei der Ernte hervorragende Rotweine erzeugen können. Erst die Besichtigungen in Frankreich und die dort gelebte Praxis öffneten vielen die Augen und brachten die Wende. Der Einbogenschnitt bringt deutlich kleinere Ernten, zusätzlich werden noch, wenn nötig, vor der Ernte die Trauben ausgedünnt. Dadurch kommt es heute zu Weinqualitäten, die es früher in diesem Ausmaß und einer solchen Dichte gar nicht gegeben hat. Hinzu kommt die Tatsache, dass diese Weine zu einem so guten Preis verkäuflich sind, der dem Winzer die Existenz sichert. Allerdings nur, wenn er auch imstande ist, den Wein selbst in Flaschen zu vermarkten.

Leider haben wohl nicht alle aus der Geschichte gelernt. Ein Beispiel aus der jüngsten Vergangenheit zeigt dies deutlich. Ein Winzer wollte einem anderen mehrere 100 kg Trauben der Sorte Muskat abkaufen. Obwohl er gut gezahlt hätte, bekam er sie nicht. Der Traubenverkäufer gab sie jemand anderem aus betrügerischen Gründen. Er mogelte mehrere 100 kg Veltliner-Trauben unter den Muskat und wollte sie als solche mitverkaufen. Da bei uns keine archaischen Maßnahmen üblich sind, muss ein möglicher Käufer umso genauer die Ware selbst kontrollieren und bei einem erkennbaren Verstoß lauthals die Öffentlichkeit informieren. Solches Verhalten wird wohl nicht streng genug geahndet und führt zur Banalisierung der Problematik.

Die Rebsorten des Burgenlandes

(Eine kleine Beschreibung)

Weißweinsorten

Welschriesling – ist die alteingesessene Hauptsorte, mit eher kleinen Beeren und walzenförmigen Trauben mit einem typisch kleinen Nebenast, selten geschultert mit größeren Trauben. Die Sorte verfügt über ausreichend Säure, ist jedoch spät reif und trockenempfindlich. Prädikatsweine werden eher seltener erzeugt, aber wenn doch, dann führt die Edelfäule zu Spitzenprodukten der besonderen Art.

Grüner Veltliner – wird in fast jedem Betrieb angebaut und bringt verlässlich gute Ernten. Die großen Trauben sind empfindlich gegen Verrieseln sowie Trockenheit und der Erntezeitpunkt ist im Burgenland sehr heikel, da die Sorte über 19°KMW eher neutrale, nichtssagende Weine bringt. In St. Georgen (Eisenstadt) befindet sich die „Urrebe“, die dort speziell gepflegt und der neue Wein jedes Jahr besonders gefeiert wird.

Muskat Ottonel – ist eine Ausnahmeerscheinung, die vorwiegend, um den Neusiedlersee im Anbau zu finden ist, als Schwerpunkt in Apetlon und Mörbisch. Die Sorte dürfte aus dem kleinasiatischen Raum stammen. Sie ist sehr früh reif mit kleinen Trauben. Bei uns ist jedoch die schwache Säure oft ein Problem, besonders in heißen Sommern, allerdings mit einem oft faszinierenden Aroma.

Weißer Burgunder – Pinot blanc – stammt aus Frankreich und gehört heute zum Standardangebot eines jeden guten Weinbaubetriebes. Die Trauben sind eher klein, kompakt und liefern verlässlich betont fruchtige bis kräftige, feine Qualitätsweine, die auch durch Trockenheit keinen größeren Schaden nehmen.

Chardonnay oder auch Morillon – wird als Unterart des Weißburgunders angesehen und ist rein äußerlich von diesem auch kaum zu unterscheiden. Mit einem besonders ausgeprägten Eigengeschmack bringt er vollmundige, kräftige Weine hervor und gilt als besondere Edelsorte.

Ruländer – Grauer Mönch oder Grauburgunder – gehört auch zur Burgundergruppe und bringt vollmundige, kräftige Weine, die auch auf

Trockenböden wachsen können. Dies ist die Sorte mit den höchsten Zuckergraden bei der Primärreife ohne Edelfäule (bis 23°KMW).

Sauvignon blanc – stammt ebenfalls aus Frankreich und wird vor allem in guten Weinbaubetrieben des Burgenlandes gehegt und gepflegt. Die Sorte hat einen ziemlich wilden Wuchs und damit einen sehr aufwändigen Pflegeaufwand. Die Trauben sind eher klein, die Beeren ebenfalls, allerdings mit einem faszinierenden Aroma, das etwas an Brennnessel erinnert und ausreichender Säure mitbringt. Er kann bei bester Reife auch feine Pfirsichtöne entwickeln.

Gewürztraminer – gehört heute schon zu den Exoten und ist nur mehr selten anzutreffen. Die Trauben sind klein, wie auch die Beeren, die Zuckergrade erreichen spielend 20°KMW und mehr. Das führt regelmäßig zu kräftigen, schweren Weinen mit Alkoholwerten über 13 Vol.%. Die Säure ist oft sehr niedrig, was aber Liebhaber infolge des feinen Aromas besonders schätzen.

Furmint – ist eine alte, ungarische Sorte, die in den letzten Jahren wiederentdeckt wurde, speziell in Rust. Die Sorte eignet sich sowohl für normale Trinkweine als auch für Prädikatsweine bis zu Trockenbeere, wo sie ihre Stärke richtig ausspielen kann.

Gelber Muskateller – hat im Unterschied zum Muskat Ottonel eine höhere Säure mit einem hervorragenden Aroma. Jeder Winzer ist stolz, wenn er einen derartigen Wein in seinem Sortenangebot anpreisen kann.

Perle von Csaba – ist die Sorte mit der frühesten Reife, manchmal schon Ende Juli. Die Trauben weisen eine dünne Haut auf und sind empfindlich gegen Wespenbefall, haben ein feinwürziges Muskataroma und gelten als erste Naschtraube.

Bouvier – ist die Sorte mit der frühesten Reife und dementsprechend ist auch seine Verwertung. Die Ernte ist oft schon im August als Grundlage für Sturm (Federweißer) oder Primeurweine. Durch sein hohes Zuckerpotential dient er oft zur Erzeugung hochwertiger Prädikatsweine.

Weißweinsorten für besondere Trockenlagen:

Neuburger – eine alte, eingesessene österreichische Weinrebe, die durch kräftiges Wurzelwachstum tiefwurzeln kann und so Trockenperioden leichter übersteht. Die Trauben sind eher klein und sehr kompakt, das führt oft zum Befall von Sauerwurm und damit zur Fäulnisanfälligkeit.

Rheinriesling – ist so etwas wie die Felsenrebe und ist auf Grund ihrer hohen Trockentoleranz für Schotterböden und felsige Böden bestens geeignet. Die Sorte stammt aus Deutschland und hat eine hervorragende Säure.

Rotweinsorten

Blaufränkisch – ist die rote Standardstammsorte des Burgenlandes, die schon immer da war. Sie ist kalkliebend und daher im ganzen Land die Hauptsorte. Die Trauben sind groß, geschultert und spätreifend. Die Sorte hat eine stark ausgeprägte Säure und ist insgesamt als geschmacklich kernig und robust einzustufen.

Blauer Zweigelt - wurde 1922 von Dr. Fritz Zweigelt, dem damaligen Direktor der Weinbauschule Klosterneuburg, aus den Sorten Blaufränkisch und St. Laurent gezüchtet. Die frühreife Sorte verfügt über eine hohe Fruchtbarkeit, große Trauben und Beeren und war daher früher eher als Massenträger bekannt. Heute wird durch kurzen Schnitt und Traubenausdünnung die Sorte gebändigt, womit es möglich ist, grandiose Weinqualitäten mit internationalem Standard zu erzeugen. Die Sorte ist bekannt für ihre milde Säure und bringt vollmundige, farbkräftige Weine. In letzter Zeit gibt es jedoch Probleme mit unerklärlicher Stiellähme, die zu erheblichem Ernteverlusten führen kann.

Sankt Laurent – die Sorte stammt aus Frankreich und ist nur mehr in wenigen Betrieben zu finden. Sie ist fäulnisanfällig, wodurch es oft zu großen Ernteproblemen kommt und der Winzer öfter zur Frühlese gezwungen wird. Die Säure ist hoch und der Wein sehr farbintensiv.

Cabernet Sauvignon – stammt ebenfalls aus Frankreich und hat sich in den letzten Jahrzehnten bei uns stark etabliert. Der Wein hat die typischen Eigenarten von Sauvignon mit ausreichender Säure und wird häufig im gehobenen Cuvée eingebunden.

Cabernet Franc – ist eine Unterart der vorher genannten Sorte, wird aber nur selten angeboten, da er nicht das Aroma aufweist. Er findet eher im Cuvée Verwendung.

Blauer Burgunder oder Pinot noir – ebenfalls ein typischer Franzose aus dem Burgund, wird von einigen Spezialisten angebaut. Er hat kleine Trauben und ist in verschiedene Typen aufgespalten., wobei bei uns die farbkräftigen Typen bevorzugt werden. Die Sorte zeichnet sich durch starke Farbintensität und hohe Zuckergrade aus, gilt aber als fäulnisempfindlich, wodurch es zu leichten Brauntönen kommen kann.

Merlot –hat kleine Trauben und bringt vollmundige, farbkräftige, milde Rotweine mit hohem Qualitätspotenzial. Diese Sorte hat sich bereits einen stabilen Platz im Qualitätsangebot bei den Winzern des Burgenlandes erkämpft.

Shiraz – stammt aus Persien und ist erst in den letzten 20 Jahren bei uns eingeführt worden. Die Säure ist sehr dominant und die farbkräftige Sorte, die bereits fest im Sortiment verankert ist, wird oft für die Erzeugung von Cuvée verwendet.

Prädikatsweine

In diesem Kapitel möchte ich die natürlichen sowie die vom Gesetz geforderten Kriterien der Prädikatsweine näher erläutern.

Die SPÄTLESE

Wie schon der Name andeutet, handelt es sich dabei, um ein im Normalfall gegen Ende der Traubenreife geerntetes Produkt mit mindestens 19°KMW und ist außerdem mengenlimitiert beim Flächenertrag. Der Wein kann, muss aber nicht, mit abgestopptem Restzucker abgefüllt werden. Gute Spätlesen erkennt man auch an einem feinen Überreifegeschmack.

Messung des Zuckergehalts

Zur Messung der Zuckergrade möchte ich etwas aufklären. Die erste Zuckermessung erfolgte vor sehr langer Zeit durch den Chemiker Balling, wobei allerdings nur die reinen Zuckerwerte gemessen wurden. Der erste Direktor der Weinbauschule Klosterneuburg, Babo, dem wir auch die Reblaus zu verdanken hatten, stellte folgendes fest: wird ein Obstsaft mit der Balling-Spindel gemessen, erhält man ein falsches Ergebnis. Da durch etwa 3° Extrakt zu viel Zucker angezeigt wird. So kam es zur Babo-Waage, bei der festgelegt wurde, dass 20° Balling einer Gradation von 17° Babo entspricht (heute Klosterneuburger Mostwaage KMW).

Die Geräte sind vielfältig. Früher wurde hauptsächlich mit einer Glasspindel gemessen, wofür etwa ¼ Liter Saft benötigt wurde. Heute werden vorwiegend sogenannte Refraktometer eingesetzt. Man gibt einen Tropfen auf das Gerät und gegen das Licht gehalten, ergibt sich der Brechungsindex durch die Totalreflexion des Lichtes. Es nutzt dafür das Verhalten von Licht am Übergang zwischen einem Prisma mit bekannten Eigenschaften und dem zu prüfenden Stoff. Wird in Österreich mit der Babo-Waage gemessen, heute KMW, ist es in der Schweiz und Deutschland die Öchslewaage, wobei zum Vergleich, 20°KMW etwa 100° Öchsle entsprechen. Dabei spielt auch die Temperatur eine Rolle, 20°C gelten als Standard-Messtemperatur.

Die AUSLESE
ist die nächsthöhere Stufe der Spätlese und erfordert mindestens 21°KMW. Wie der Name schon sagt, kann dieses Produkt durch Auslese der Trauben erzielt werden, was allerdings nicht gefordert oder oft nötig ist. Bei einer guten Auslese ist meistens auch eine leichte Edelfäule dabei, da sonst die erforderlichen Mindestgrade nur knapp erreicht werden. Der Wein hat fast immer einen abgestoppten Restzucker, da sonst der Alkohol zu stark ansteigen würde und außerdem ist ein deutlicher Überreifegeschmack erwünscht.

Die BEERENAUSLESE
bedarf einer Mindestgradation von 25°KMW und dezidiert die Existenz edelfauler Beeren durch *Botrytis Cinerea*. Hier ist eine Auslese meistens unumgänglich. Entweder werden die gesunden Trauben herausgelesen und dann solange zugewartet, bis die gewünschten Reifegrade erreicht werden oder die edelfaulen Trauben werden so ausgelesen, dass sie die erwünschte Qualität ergeben.

Der AUSBRUCH
ist eine österreichische Spezialität, die vornehmlich in Rust produziert wird. Im ungarischen Tokaj schon seit Jahrhunderten gekeltert, wird der Begriff *„Tokaji aszú"* verwendet. Die edelfaulen Beeren müssen mindestens 27°KMW aufweisen und werden normalerweise im Ganzen, ohne Auslese, geerntet.

Die TROCKENBEERENAUSLESE
ist mit geforderten mindestens 30°KMW die höchste Stufe dieser Weinkategorie. Man kann einerseits die Trauben in edelfaulem Zustand auslesen oder eventuell zuwarten, bis die Fäulnis am Stock so weit fortgeschritten ist und das richtige Reifestadium erreicht wurde.

Bei dieser Art der Weinproduktion ist die Behandlung des Lesegutes von großer Bedeutung. Der Winzer weiß, dass in den Beeren viel Zucker und

Extraktstoffe enthalten sind und damit die ganze Qualität eines Produktes aus edelfaulen Trauben. Es ist daher unbedingt gefordert, diese Trauben nach dem Quetschen und Rebeln mehrere Stunden über Nacht oder sogar mehrere Tage (bei kühler Witterung) eingeweicht stehen zu lassen, damit die wertvollen Stoffe auslaugen können.

Der STROHWEIN

ist eine bei uns erst spät entwickelte Form von Prädikatswein, die vor allem in südlichen, wärmeren Ländern praktiziert wird. Wie von mir dokumentiert, war es Georg Stiegelmar aus Gols, der als Erster auf diese Art einen Prädikatswein produzierte. Der Winzer Opitz in Illmitz tat es ihm dann mit Schilf gleich. Voraussetzung für diesen Typ sind feste, gesunde Trauben, die auf Stroh oder Schilf locker aufgelegt werden und durch Lufttrocknung zu schrumpfen beginnen und teilweise rosinenenartig eintrocknen können, sodass durch Mithilfe des Botrytispilzes die Zuckerkonzentration zunimmt. Die Reifezeit bis zum Abpressen kann sich über mehrere Monate hinziehen. Da der Arbeitsaufwand unbestritten hoch ist, stellt dieser Wein eher ein seltenes Produkt dar.

Der EISWEIN

ist nur bei großer Kälte möglich. Der erste Eisweinwinzer war, wie schon früher berichtet, der Winzer Hafner in Mönchhof. Gefordert sind mindestens -7°C, damit die Trauben richtig durchfrieren können. Wenn die Trauben leicht gefault sind, bedarf es wegen dem höheren Zuckergehalt sogar noch tieferer Temperaturen. Im Zweifelsfall macht man zuerst einen Test, indem man eine Traube in einen leeren Eimer wirft. Wenn es richtig „scheppert“, ist die Traube gefroren. Wenn es aber nur dumpf „platsch“ macht, war es zu wenig kalt. Die geforderte Mindestgradation liegt bei 25°KMW. Es ist dies auch die einzige Weinsorte der Spezialitäten, die mit dem Vollernter gelesen werden darf.

Bei aller Euphorie über die mögliche Ernte und der Erzeugung derartiger Produkte sollte man nicht vergessen, dass dies gewisse Risiken mit sich bringt. Ich habe als Weibauberater alle möglichen Arten von Misserfolg bei Prädikatswein erlebt. Bedingt durch die lange Reifezeit, unterliegen die Trauben oft den Begierden der herumfliegenden Vögel, speziell der Stare, die schon ab August in Erscheinung treten können. Manche Winzer mit sehr langen Weingärten wähnten sich geschützt, wenn sie mit der ganzen

Lesemannschaft zu ernten begonnen haben. Jedoch am Ende des Weingartens angekommen, musste man feststellen, dass die Stare trotzdem schneller waren und es nichts mehr zu ernten gab. Dieselbe Gefahr lauert durch die Wacholderdrosseln ab November oft beim Zuwarten auf Eiswein, wo man ohne schützende Netze gar nicht mehr auskommt. Außerdem sind Rehe und Wildschweine auch keine Kostverächter und können ordentliche Schäden anrichten.

Aber auch falsche Schimmelpilze wie Monilia, Grünschimmel und Essig können sich in die Trauben einschleichen, sodass man mit dem Resultat wenig Freude hätte.

In der heimischen Landwirtschaft hat sich in letzter Zeit eine Art Produktpiraterie etabliert, die ziemliche Bedenken aufkommen lassen. Schließlich ist das Feld frei zugänglich, die Wege teilweise gut ausgebaut, sodass man leicht zufahren kann. Man hört immer wieder, dass ganze Wagenladungen von Feldfrüchten verschiedenster Art in einer Art Nacht- und Nebelaktion verschwinden oder von Geräten z.B. von Bewässerungsanlagen, Treibstoff abgezapft wird. Ich finde es außerordentlich traurig, dass ein Berufsstand, der ohnehin durch harte Arbeit schwer belastet ist, sich mit derartigen kriminellen Machenschaften auseinandersetzen muss.

Nichtsdestotrotz sind die Prädikatsweine ein Markenzeichen unseres herrlichen Weingebietes und tragen mit großartigen Spitzenprodukten von unseren tüchtigen Winzern, mit Liebe und hoher Fachkompetenz erzeugt, zu beachtenswerten Erfolgen in Internationalen Bewerben bei.

Besonders rund um den Neusiedlersee herrscht ein Klima, das die Art der Prädikatsweine besonders begünstigt und Qualitäten mit höchsten Ansprüchen produzieren lässt. Die zeitweise hohe Luftfeuchtigkeit, speziell in den frühen Morgenstunden, fördert enorm die Entwicklung des Botrytispilzes, ohne den es diese Kreszenzen nicht gäbe.

Einmal war ich zu Besuch bei den sogenannten Gartner-Brüdern in Illmitz, die mich einluden, ihren Welschriesling-Weingarten, gelegen an der Seestraße im Sandboden , zu besichtigen. Ich fand einen Weingarten vor, bei dem alle Beeren braun gefault, teilweise taschenartig eingeschrumpft und übersät mit den Konidien des Botrytispilzes besetzt waren, ein Idealzustand für die Erzeugung einer Trockenbeerenauslese. Es mussten nur mehr die trockenen Trauben und damit der richtige Zeitpunkt abgewartet werden. Wie ich später erfuhr, wurde der Wein daraus mit einer Großen Goldmedaille ausgezeichnet.

Noch immer ein Problem für mich

Was mir persönlich zu denken gibt, ist der, für meine Begriffe, zu hohe Alkoholgehalt bei Rotweinen. Ich sehe einfach nicht ein, warum ein Rotwein immer 13,5 bis 14 Vol% Alkohol oder mehr haben muss, oft durch Zugabe von Zucker während der Maischegärung, also durch Manipulation. Niemand denkt daran, dass der extrem hohe Alkoholgehalt, dem menschlichen Körper auch schaden kann und, vor allem bei den jüngeren Kunden, einfach nicht gewünscht wird. Von der Problematik beim Autofahren ist noch gar nicht die Rede. Angesichts des heutigen Preisdrucks auf Rotwein, im Vergleich zum Weißwein, ist das auch kontraproduktiv. Wir leben hier in einem von Gott gesegneten Land, das dem Winzer die ganze Bandbreite des Weinbaus bietet, um hervorragende Weine auf völlig natürliche Weise zu keltern und in die Flasche zu bringen, wofür uns andere Winzer in der Welt beneiden.

Dabei kommt uns die Natur sogar entgegen. In den letzten Jahren wurde vermehrt festgestellt, dass die Alkoholausbeute aus bestehenden Trauben steigt. Hat man früher damit rechnen können, dass aus einem Traubenmaterial von 20°KMW etwa 13 Vol% Alkohol entstehen, sind es jetzt oft gut 1 Volumenprozent mehr. Unverständlich ist die Tatsache, dass ein bestimmter, hoher Alkoholwert für eine besondere Weinbezeichnung, wie beispielsweise für Lagenweine, gefordert wird, wohl wissend, dass dies oft durch Nachzuckerung erfolgt. Warum geht das nicht auf natürliche Weise? Man stellt außerdem immer wieder fest, dass der Wein, speziell der weiße, durch Zuckerung geschmacklich deutlich neutraler schmeckt.

Die Stärken unseres Landes und des vorhandenen Klimas zu erkunden, auszuprobieren und die guten Möglichkeiten umzusetzen, sollte vornehmste Aufgabe unserer Winzer sein. Dass dies möglich ist, entspringt nicht einer nebulosen Vorstellung eines hoffnungslosen Utopisten, sondern wird von derzeit noch weniger bekannten Idealisten Jahr für Jahr vorgeführt, die den Einbogenschnitt konsequent einhalten und aus Überzeugung auf Zuckerzugaben verzichten, auch beim Rotwein. Jedes Kilo Zucker verändert das natürliche Gefüge eines Weins, meiner Ansicht nach zu seinem Nachteil. Diese Vorgehensweise bei der Produktion sollte doch auch als Verkaufsargument genutzt werden, besonders in einer Zeit, in der so viele Dinge bei den Lebensmitteln manipuliert werden und die Lust auf unverfälschte Produkte für einen guten Genuss groß ist und auch wertgeschätzt wird. Jeder gute Winzer kennt das Geheimnis: Je niedriger der Stockertrag, besonders bei Rotweintrauben, desto höher die erwartbare Qualität. Ich bin der Meinung, dass ein Winzer, der im Burgenland Wein erzeugt und glaubt, dazu auf den Zuckersack zurückgreifen zu müssen, die natürlichen Möglichkeiten dieses herrlichen Weinbaugebietes nicht erfasst hat. Offenbar hängen diese Leute noch den alten unsäglichen Zeiten nach, die man eigentlich glaubt, überwunden zu haben. Ich meine, der Griff zum Zuckersack im Burgenland ist eher der Ausdruck panischen Versagens.

Eine mögliche Perspektive

Der Konsument sollte zumindest auf einen Blick erkennen können, um welches Produkt es sich handelt, z.B. durch die Kennzeichnung „N" für Naturwein. Das gäbe dem Kunden die Möglichkeit, sich für ein naturbelassenes Produkt entscheiden zu können.

Zweifellos ist für Winzer die Naturweinbereitung bei Rotweinen eine besondere Herausforderung, um die für einen kräftigen Rotwein erforderlichen Zuckergrade zu erreichen, speziell bei kühleren Böden oder in klimatisch ungünstigeren Jahren. Bei Weißwein ist es eher umgekehrt. Man hat Mühe, wenn die Zuckergrade eher zu hoch werden und dann mehr Alkohol entsteht, als beabsichtigt war.

Manchen Weinbauern passiert es heute immer öfter, dass sie Weine keltern, die ihnen selbst zu schwer sind. Es wird heute schon praktiziert, dass den Weinen Alkohol durch spezielle Verfahren entzogen wird. Solche Maßnahmen werden in Zukunft wahrscheinlich eine immer größere Rolle spielen. Es liegt in der Verantwortung der Winzer als „Alkoholerzeuger", Überlegungen hinsichtlich der Gesundheit der Konsumenten anzustellen.

Die Schüler in der landwirtschaftlichen Fachschule lernen schon, dass die Weinqualität im Weingarten entsteht und wer dort nicht die richtigen Maßnahmen ergreift, wird wohl kaum erfolgreich sein. Zweifellos braucht es auch eine große Portion Selbstvertrauen. Aber gerade unsere großartige Klimasituation sollte uns diesbezüglich die Kraft für den Erfolg geben. Für alle Zweifler gibt es immer die Möglichkeit eines Versuches im Kleinformat. Da wir noch immer eher etwas an Überschuss, speziell bei Rotwein, leiden, sollte daran gedacht werden, dass der Rosé-Wein eine hervorragende Alternative und Gelegenheit bietet und damit zu einer leichten Reduktion der

Rotweinmenge führen kann. Der Ausbau von Rosé sollte jedoch ohne zusätzliche Süße erfolgen. Ich bin der Meinung, dass ein guter Rosé fruchtig frisch, Riesling-ähnlich schmecken und möglichst nicht über 12 Vol% Alkohol aufweisen sollte.

Einen weiteren Vorschlag hätte ich für einen „Typischen Burgenländer Rotwein" zu machen. Es wäre ein lebendiges Marketingzeichen mit einheitlichem Namen, mit dem die gute Weinqualität des burgenländischen Rotweines dokumentiert wird und mit dem sich jeder gute Weinbaubetrieb profilieren kann. Ich finde, man braucht gute Argumente bei den Kunden, um für die Identität der Qualität eines Weines zu werben. Dazu benötigt man lückenlose Bedingungen, die zu diesem großen Wein führen.

Voraussetzung sind folgende einheitliche Erzeugungsrichtlinien:

Für einen Cuvée sollten die Hauptsorten Blaufränkisch und Zweigelt zu je etwa 40 bis 45 % verwendet und mit 10 bis 20 % auch von anderen Sorten ergänzt werden. Es gilt ein reduzierter Rebschnitt für Zweigelt von etwa 6 und Blaufränkisch von 8 Augen je Rebstock. Die Weinernte sollte möglichst spät, eher in der zweiten Hälfte der üblichen Erntezeit erfolgen mit einer Gradation von um die 19°KMW, was etwa knapp 13 Vol% Alkohol ohne Zuckerzusatz ergibt, wobei das Ziel einer Ernte von 7000 kg je ha max. sein sollte. Eine längere Maischestandzeit von mindestens zwei bis drei Wochen würde zu mehr Körper beitragen, wobei darauf zu achten ist, dass der biologische Säureabbau weitgehend abgeschlossen sein sollte. Verwendet wird nur der Seihmost, der stark gepresste Wein wird anderweitig verwendet oder der Rest samt Saft als Tresterschnaps verwertet. Die Überprüfung und Beurteilung des Weines erfolgt wie beim DAC vor der Inverkehrsetzung. Während der Reifezeit sollte dieser Wein etwa ein halbes Jahr in einem Holzfass gelagert werden und erst im dritten Jahr nach der Ernte in den Verkauf gelangen. Sollte der Wein die erforderlichen Kriterien nicht erfüllen, darf er diesen Namen nicht tragen.

Die für alle gleich geltende Erzeugungsart (amtl. Bestätigung) ergibt die Möglichkeit, ein einheitliches Marketingkonzept zu erstellen, in dem besonders der Qualitätsgedanke hochgehalten wird, fern von einem eventuellen „Betriebsgeheimnis". Damit entstünde ein Zugpferd in jedem Betrieb, das dem Ruf des gehobenen „Burgenländers" zugutekommt. Der Preis sollte ebenfalls einheitlich festgelegt werden, eventuell knapp um Euro 12-15,- je 0,75 L-Flasche. Auch eine einheitliche Flaschenform wäre vorteilhaft sowie die gleiche Etikettengestaltung. Mein Namensvorschlag – „PAN_DU", PAN für pannonisch.

Die sichtbare Veränderung

Eine gravierende Tatsachenänderung habe ich schon erwähnt, obwohl sie für die meisten Beobachter der Weinszene ziemlich augenscheinlich ist: Das Flaschenweinangebot hat eine revolutionäre Metamorphose durchgemacht und sein Aussehen verändert. War es früher vorwiegend die 2-Liter-Flasche, so ist es heute fast durchwegs die 0,75-Liter-Flasche. Damit wird auch die Abkehr von der Massenweinproduktion der 70er- und 80er-Jahre vor dem Weinskandal dokumentiert. Der gehobene Qualitätswein wird heute in die kleinen Flaschen gefüllt und kommt so auch größtenteils in Flaschen oder zumindest glasweise auf den Tisch. Aber auch der Weinhandel füllt überwiegend in diese Flaschen, die dann manchmal als Sonderangebot im Supermarkt zu finden sind.

Generell kann man sagen, dass das heutige Weinangebot außerordentlich vielfältig geworden ist und zweifellos qualitativ hochwertiger. Jeder Weinliebhaber kann sich selbst im Supermarkt seinen Lieblingswein oder Sonderangebote aussuchen. Manchmal bekommt man im Supermarkt Weine ganz bekannter Erzeuger zu Ab-Hof-Preisen, wodurch sich deren Bekanntheitsgrad noch deutlich erhöht. Nicht nur Scheiblhofer oder Allacher sind Betriebe, die diesen Markt für sich entdeckt haben..

Der routinierte Weinliebhaber geht jedoch lieber direkt zum Erzeuger, zum Weinbauern ins Haus. Dort kann man verkosten, aussuchen und hat die Sicherheit, seinen Wein unverfälscht und originalgefüllt zu soliden Preisen einkaufen zu können. Die Verlässlichkeit, dort einen Naturwein erwerben zu können, ist vielen Konsumenten schon ein echtes Anliegen.

Eine neue Kategorie von Wein hat sich etabliert, die zumindest als Nischenprodukt anzuerkennen ist: der „Winzersekt". Jeder Weinbauer, der ein größeres Weinangebot offerieren kann, hat meistens auch einen Sekt oder zumindest einen Frizzante im Angebot. Im Bezirk Neusiedl hat sich in Gols die Firma Szigeti als Sekterzeuger einen guten Namen gemacht und produziert auch gewisse Mindestmengen der Winzer auf Wunsch zu Sekt. Üblicherweise wird ein fertiger Wein mit möglichst wenig Alkohol durch Zucker- und Hefezusatz in Sektflaschen gefüllt und erfährt dort eine leichte Nachgärung, wobei der Zucker zu Alkohol und CO_2 vergärt. Ab einem halben

Jahr, oft aber viel länger, können die Flaschen nach dem Rütteln geöffnet werden, der Trub mit Kälte entfernt und diese mit einem großen Kork wieder verschlossen werden. Naturweinerzeuger ersetzen den Zucker für die erforderliche Nachgärung durch Traubensaft, sodass die Naturweinerzeugung hier nicht unterbrochen werden muss, was noch den Vorteil hat, dass der fertige Sekt im Alkohol um gut 1 Vol% niedriger liegt. In letzter Zeit ist noch ein zweiter „Szigeti" entstanden, weil sich der Bruder in Zurndorf den neuen Betrieb ANOBIS aufgebaut hat.

Positive Veränderungen nehmen Gestalt an

Zweifellos hat nach dem (heute könnte man sagen „heilsamen") Weinskandal im burgenländischen Weinbau eine gravierende Veränderung stattgefunden, die ich als „Das Burgenländische Weinwunder" bezeichnen möchte. Wenn man jetzt fragt „Warum-Weshalb-Wieso", dann darf ich im Kurzdurchlauf nochmals mit den wichtigsten Fakten aufwarten. Die 60er und 70er bis in die 80er Jahre waren die wilden Zeiten mit riesigen Flächenausweitungen, enormer Vergrößerung der Kellerkapazität und echten Lernjahren. Riesige Traubenmengen mussten verarbeitet werden, oft nur mit angelerntem Wissen, ohne festen Plan. Inzwischen hat es genug Winzer gegeben, die hervorragende Qualitätsweine keltern konnten, jedoch haben sie sich am Markt oft nicht richtig durchsetzen können, weil die Schmutzkonkurrenz mit Wein zu Schleuderpreisen und zusätzlich noch die Weinfälscher, dies erfolgreich verhindert haben. Dann kam 1985 der Weinskandal, ein Ereignis, das den Weinbau zu vernichten drohte.

Doch es kam anders. Der überwiegende Teil unserer Winzer ist heute gut ausgebildet, viele haben sich den Gegebenheiten angepasst und eine große Zahl von ihnen ist sich der Stärken unseres Weingebietes bewusst. Inzwischen kam es zu einem gewissen Strukturwandel. Viele schwache Betriebe rodeten die Weingärten und hörten auf. Kleinere, dynamische Betriebe haben sich entsprechend vergrößert, wodurch es zu einer gewissen Konzentration kam. Auf einmal war genug Platz für großartige Weinqualitäten, die unsere Winzer im „Besten Weinland der Welt", imstande sind zu produzieren, angeleitet durch die Fahrten von Ing. Franz Schuster nach Frankreich, die Namensweine wie „Opernballwein" und anderen Vorbildern. Auch der Markt hat sich gewaltig verändert, denn die Konsumenten haben sich ebenfalls sehr gewandelt und bezüglich Wein viel dazugelernt. Für gehobene Qualität ist der Kunde mittlerweile bereit, einen entsprechenden Preis zu bezahlen. Viele Betriebe haben sich großartig neu aufgestellt und der burgenländische Wein wird heute in Top-Qualität so gut präsentiert, wie nie zuvor.

Ich blicke sehr zufrieden auf ein erfülltes Leben zurück mit der großen Genugtuung, viele positive Signale dem burgenländischen Weinbau auf den Weg für die Gegenwart, aber besonders für die Zukunft mitgegeben zu haben. Ich bedanke mich bei der burgenländischen Landwirtschaftskammer, dass sie mir die Gelegenheit dazu gegeben hat.

Wenn ich in die Zukunft blicke

In der kellertechnischen Weinbehandlung wird es kaum mehr zu großen Veränderungen kommen, da die wichtigsten Kriterien wie materialschonende Behandlung des Lesegutes, Beerenkontrolle bei der Verarbeitung, Saftreinigung sowie gekühlte Gärung usw. bereits jetzt schon erfüllt werden. Die Verwendung von SO_2 ist jedoch ein kritischer Punkt und es wird daher in Zukunft zu stärkeren Veränderungen diesbezüglich kommen müssen. Die Verwendung von Ozon könnte hier ein Weg sein, den Wein zumindest teilweise weitgehend schwefelfrei zu halten, ohne dass es zu gravierenden Geschmacksveränderungen kommt. In Amerika wird das bereits praktiziert und sollte auch bei uns versuchsweise, eventuell in Verbindung mit Ascorbinsäure (Vit. C) erprobt werden. Die Verwendung der Methode „Lange auf der Hefe lagern" kombiniert mit biologischem Säureabbau wird von einigen „Spezialisten" jetzt schon erfolgreich praktiziert, wobei man mit annähernd unter 50 mg SO_2 das Auslangen findet.

Die Herstellung von „Orangeweinen" ist meiner Meinung eine Sackgasse. Ich nehme an, man wird irgendwann zur Erkenntnis kommen, dass man die Qualität, die man mühsam erreicht und aufgebaut hat, eher mutwillig wieder zerstört, anstatt sie durch gediegene kellertechnische Maßnahmen zu hegen und zu erhalten. Wenn man als Argument anführt, dass man für diese Art von Wein Liebhaber hat, dann meine ich, dass man fast für alles einzelne Liebhaber finden kann. Es kann manchmal zu akzeptablen Ergebnissen kommen, aber die Verlässlichkeit lässt zu wünschen übrig, denn einmal geht es gut und dreimal daneben. Die Verwendung von Ozon wäre aber hier ein vernünftiger, gangbarer Weg, um „schwefelfrei" zu werden.

Der Klimawandel könnte uns so manche Überraschung bereiten und vielleicht vor fast unlösbare Aufgaben stellen. Es zeichnet sich ein genereller

Wassermangel ab und die Suche nach Wasser sollte nicht erst erfolgen, wenn es fast schon zu spät ist und etwa drei Monate oder noch länger im Sommer der Regen ausbleibt. Die richtige Sortenwahl sollte man ganz besonders in extremen Lagen vor der Pflanzung beachten und weitgehend trockentolerante Sorten wie etwa Rheinriesling und Neuburger oder auch adäquate Unterlagsreben in die engere Wahl einbeziehen. Wassersparende Pflegemaßnahmen mit bedecktem Boden durch bodenverbessernde Kräuter wären gut zu überlegen. Bei den Rebsorten der Zukunft wird es durch die PIWI-Sorten, also pilzwiderstandsfähigen Reben, oder solchen mit ähnlichen Eigenschaften, zu großen Veränderungen kommen. Die chemischen Spritzmittel können heute schon ersetzt werden und es sollten sich Behandlungen mit Ozon gegen Oidium und Peronospora, eventuell in Verbindung mit fungizidwirksamen Kräutern in Zukunft durchsetzen. Die Ozongeräte dazu kommen derzeit aus Amerika, da man dort schon diesbezüglich gute Erfahrungen gemacht hat.

Ich finde es ausgesprochen umweltfeindlich, wenn der Streifen unter den Reben mit Herbiziden gespritzt wird. Hier muss man unbedingt andere Möglichkeiten ausloten, nämlich von Anackern bis absichtlichem Bodenbewuchs, eventuell auch mit Kräutern und kleinen Blumen oder nichtkonkurrierenden Wildkräutern wie Gundelrebe und Hühnerdarm. Der Erntezeitpunkt macht heute schon die zukünftige Problematik deutlich, denn der Klimawandel führt eindeutig zu zeitiger Weinlese. Auch der Tageszeitpunkt könnte sich verschieben, da hohe Tagestemperaturen zur Lese in der Nacht zwingen werden.

Die Bodenbehandlung in Wein- und Obstgärten birgt einige Probleme, die meiner Meinung nach viel zu wenig beachtet werden. Die Begrünung ist zwar generell begrüßenswert, denn nach Meinung der Fachleute ist offener Boden toter Boden. Diese der Natur allein zu überlassen, ist aber der falsche Weg. Einerseits entstehen oft Plätze, wo sich gewisse Pflanzen störend breitmachen und andererseits fehlen notwendige Pflanzen wie Blühpflanzen für die Bienen und solche für die Bodenverbesserung bzw. Stickstoffsammler. Viel besser ist es, eine vielschichtige Samenmischung von niedrig wachsenden Pflanzenarten selbst einzusäen, wobei auch die wichtige Krümelerhaltung des Bodens beachtet werden soll. Die Bedeckung des Bodens wird mit Sicherheit in Zukunft aus wassersparender Sicht zur Notwendigkeit. Die Bearbeitung dieses Grünteppichs sollte auch eine neue Generation von Geräten entstehen lassen, die die Pflanzen nur schneiden oder walzen, schonender arbeiten und mit weniger Kraftaufwand auskommen. Die Arbeit der derzeit verwendeten Häcksler erscheint viel zu grob und mit zu großem Kraftaufwand verbunden.

Auch die Fruchtbarkeit des Bodens sollte in Zukunft eine größere Rolle spielen. Maßgeblich dafür wäre auch die Kenntnis über die Verwendung von Pflanzenkohle, im Speziellen über „Terra Preta" oder Kohlestaub vom Köhler, da dadurch die Bodenaktivität wesentlich erhöht werden kann, gedanklich ist dies jedoch automatisch mit dem Kompost zu verbinden. In einigen Ortschaften wird dies bereits erfolgreich praktiziert. Derzeit sind es meistens die Kommunen, die diese Anlagen betreiben. Denkbar wäre, dass ein Landwirt die Aufgabe übernimmt, die in den Ortschaften anfallenden landwirtschaftlichen Abfälle als Kompost zu verarbeiten, inklusive jede Art von Stallmist und Flüssigdünger. Die Zwischenschaltung von Maschinenringen wäre ebenfalls eine Möglichkeit, speziell in kommerzieller Hinsicht. Die ordnungsgemäße Verarbeitung von den besonders wertvollen Küchenabfällen wäre zu organisieren. Angesichts der ständigen Teuerungen von Mineraldüngern wäre dies sicher eine ernst zu nehmende Überlegung und zudem noch zukunftsorientiert.

Eine einfache Methode, um die Bodenfruchtbarkeit zu bestimmen, lautet wie folgt: Man nimmt einen alten Baumwollstoff und gräbt diesen etwa 15 bis 20 cm in den Boden ein. Nach etwa 2 Monaten schaut man nach, was aus dem Stoff geworden ist. Wenn von dem Stoff nicht mehr viel übrig ist oder er total verschwunden ist, kann man davon ausgehen, dass in diesem Boden das bakterielle Leben sehr beruhigend aktiv tätig ist. Wenn der Stoff jedoch weitgehend unbeschädigt ausgegraben wird, ist kaum Bodenleben vorhanden und somit erheblicher Nachholbedarf gegeben.

Ich möchte noch einmal eine Lanze für den Naturwein brechen. Gehören Sie zu den Menschen, die die kleingedruckte Zutatenliste auf den Lebensmitteln im Supermarkt kritisch betrachtet? Man könnte sagen, es gibt kaum mehr Lebensmittel, die nicht manipuliert sind. Es wird von der Lebensmittelindustrie getrickst und geschummelt, um die Produkte möglichst lang haltbar zu machen. Fachleute warnen vor dem Kauf solcher Produkte. Um wie vieles leichter hat es da der kluge Winzer im Burgenland, samt der fantastischen Weinlagen, gepaart mit derzeit noch machbaren Klimabedingungen, welche die Chance bietet, ganz ohne künstliche Mittel einen hervorragenden Wein zu produzieren. Ein echtes Labsal für jeden Konsumenten. Viele, oft junge Winzer, tüfteln und probieren alles Mögliche aus. Ich habe prinzipiell nichts gegen Experimente, sie sollten sich nur nicht zu weit von der natürlichen Entwicklung des Weines entfernen und diese eher betonen.

Dazu hätte ich eine Anregung. Als Schnapsbrenner habe ich beim Vergären von Trauben oft schon die Erfahrung gemacht, dass speziell der Wein von der Weißweinmaische ein sehr interessantes Produkt ergeben kann. Der Wein verändert sich naturgemäß im Vergleich zu einem, der durch die Presse geht. Die Gerbsäure wird etwas dominanter, der Farbton wird etwas intensiver und der Wein entsteht dabei ohne Presse durch freies Ablaufen. Er schmeckt etwas gehaltvoller und griffiger. Die übriggebliebenen Trester können abgepresst und eventuell zum Gemischten Satz verwertet oder zu Schnaps gebrannt werden. Ein Versuch wird es sicherlich wert sein. Die verwendete Rebsorte, eventuell ein aromatischer Anteil, könnte dabei eine wichtige Rolle spielen. Ich finde, dass dies eine faszinierende Herausforderung darstellt.

Einen Punkt möchte ich noch ansprechen, der mir während meiner Dienstzeit immer wieder durch den Kopf gegangen ist. Es hat sich bei uns eingebürgert, dass die Weine generell reinsortig ausgebaut werden und so auch in die Flasche kommen. Dadurch kommt es mit der Vielzahl der Rebsorten und den verschiedenen Lesearten zu einem stark erweiterten Angebot, manchmal auch von Weinen, die von den Kunden kaum unterschieden werden können. Wenn wir nach Frankreich blicken, ist dort die Sortenvielfalt eines Betriebes deutlich geringer und das Verkaufsangebot kaum größer als 1 bis 2 Sorten in einem Betrieb. Wir haben zwar die Möglichkeit einer großen Vielfalt aber aus ökonomischen Gründen wäre eine Reduktion mit entsprechenden Vermischungen zu guten Cuvée's oft wünschenswert. Ich meine, man könnte sich auf Kategorien einstellen, wie einen fruchtigen Typ à la Welschriesling (Gr. Veltliner), einen aromatischen Typ wie Muskateller sowie Sauvignon und einen hochreifen Typ bis zum trockenen Auslesebereich wie Weißburgunder, Chardonnay inkl. Cuvée aus diesen Sorten. Süßweine haben dann auch noch Platz im Angebot sowie Frizzante oder Sekt. Beim Rotwein wäre die Beschränkung auf höchstens 4 bis 5 Typen sinnvoll, nämlich eine etwas griffige, eine betont milde Type, eine besondere Jahrgangsspitzenqualität und einer aus dem Barrique, womit das Gesamtangebot mit 10 bis 12 Weinen ausreichend dotiert wäre.

Dazu habe ich ein typisches Beispiel erlebt. Ich war im Spätsommer 2023 mit einem Teil meiner Familie auf der Suche nach gutem Wein und kam im Zuge dessen zu einem nach dem Weinskandal groß gewordenen Weinbaubetrieb mit heute sagenhaften mehr als 100 ha Weingärten. Der Betriebsführer nimmt für sich in Anspruch, einer der besten Rotweinproduzenten des Burgenlandes zu sein, was ich auch kaum bestreiten möchte. Wenn ich mich nicht verzählt habe, werden in diesem Weinbetrieb 5 Rotweinsorten angebaut, jedoch eine Riesenliste an verschiedenen Weintypen angeboten, teilweise Parallelnamen und dann noch verschiedene Jahrgänge mit gleichen Namen. Aus Sicht des Marketings ist dies einfach viel zu umfangreich und unübersichtlich sowie arbeitsbelastend und teilweise voneinander geschmacklich kaum zu unterscheiden. Ich habe zwar nicht alle verkostet (das Angebot liegt bei etwa 30), aber das Angebot ist einigermaßen verwirrend.

Diese Feststellung bestärkt mich in der Meinung, dass die Zusammenführung verschiedener Weintypen zu einem gediegenen Cuvée in diesem Fall wesentliche Vereinfachung bringen würde, ohne Verlust von Image und Geschäftserfolg, für die Weininteressenten auf alle Fälle erheblich überschaubarer.

Die wichtigsten Maßnahmen in so einem Fall wären meiner Ansicht nach die Aufteilung in maximal 3 Rotweintypen, davon eine kräftige im Barrique ausgebaut, eine Zweigelt-lastige, eher milde Type und eine, die länger auf der Maische gelagert wird oder eine jahrgangsbedingte Sonderqualität. Die Experimentierphase könnte beendet werden bis auf einige kleine Versuche, wobei die ausgewählten Typen selbstverständlich Premiumcharakter aufweisen müssen. Die Weine, die nicht in dieses Schema passen, werden anderweitig, eventuell über den Supermarkt verwertet. Hinzu kommt, dass der Rotwein länger überlagert wird und frühestens erst nach 3 Jahren in den Verkauf kommt, sodass auch verschiedene Jahrgänge in der Cuvée harmonisierend ausgenutzt werden können. Beim Weißwein wären 2 Cuvée-Typen bezüglich der Normalweine sowie maximal noch ein Sekt und ein aromatischer ausreichend.

Apropos Sekt – auch hier ist das Angebot heute außerordentlich vielfältig und ziemlich unübersichtlich geworden. Auch hier sollte eine Bereinigung durch die Auswahl von Typen erfolgen. Zum 100-jährigen Geburtstag des Burgenlandes kam mir die Idee zum Sekt Natur – ohne fremde Zutaten:

1. "Martin" - Grundwein aus fruchtigen Sorten wie Welschriesling oder Veltliner, Sorten mit ausgeprägter Säure, ebenso Rosé und Blanc de Noir, Gradation 15 bis 16°KMW, Versetzen mit Traubensaft zum Versekten, Auffüllen mit süßer Spätlese nach dem Degorgieren.

2. "Martimus" - Grundwein mit mindestens 1/3 aromatischen Sorten, auch durch Cuvée entstanden, Versetzen wie bei 1.)
3. "Sankt Martinus" Sekt ROYAL, Sektgrundwein aus Chardonnay, Morillon, Ruländer, Weißer Burgunder mit einer Gradation von 16 bis 17°KMW, beim Versetzen wird Traubensaft nur aus dieser Sortengruppe verwendet, möglichst vom gleichen Standort. Das Auffüllen nach dem Degorgieren erfolgt mit einer süßen Beerenauslese.

Ich bin der Ansicht, dass dadurch das Produkt „Burgenländischer Sekt“ ein Gesicht bekommt, bei dem jeder weiß, was es ist und wie es erzeugt wird, entsprechend den hervorragenden Voraussetzungen, die im Burgenland diese Möglichkeiten bieten.

Eine weitere Anregung

Ich finde, dass das einmalige Ereignis, nämlich die Medaille d'Or von Paris und London, die Andreas Kern in den Jahren 1930 und 1932 erhalten hat, viel zu wenig gewürdigt wurde und wird. Es war damals eine Großtat, da zu dieser Zeit qualitativ hochwertige Weine im ganzen Weingebiet kaum bekannt waren. Ich sage das nicht, weil er mein Großvater war, sondern weil er als überzeugter Burgenländer agierte, der sich der Übermacht der Franzosen entgegengestemmte und für das Burgenland gewonnen hat. Ich möchte daher die Anregung geben, dass alle drei bis vier Jahre die „Andreas Kern“-Medaille an den besten Natur-Rotwein im Burgenland vergeben wird, eventuell mit einem Preisgeld. Ich spende den ersten Tausender!

Wie wird man „Erfolgreicher Winzer“? Eine praxistaugliche Anregung. Wie man es nicht wird, haben die Jahre der 70er und 80er des vorigen Jahrhunderts ausdrucksvoll gezeigt. Das heißt, nur wer mit der Wahrheit durch die vorgegebenen Tatsachen, die die Natur uns bietet, exakt, ehrlich und zielstrebig umgeht, kann im Endeffekt erfolgreich hochwertigen Wein produzieren.

Einen sehr guten Wein zu erzeugen ist jedoch gar nicht so einfach. Die Investitionskosten allein für die Maschinen, die einen dazu befähigen, im richtigen Moment die erforderlichen Maßnahmen ordnungsgemäß durchführen zu können, sind allein schon ein gewaltiger Aufwand. Vor Kurzem hat Hillinger Jun. in einem Fernsehinterview die richtigen Worte gefunden: „Da musst du ordentlich Gas geben“. Dem werden die große Zahl der guten Winzer im Burgenland sicherlich zustimmen. Es gibt selbstverständlich auch Winzer, die das nicht immer so genau betreiben. Deswegen teile ich die angebotenen Weine in 3 Qualitätstypen ein.

Wie schon an anderer Stelle festgestellt wurde, beginnt die Weinqualität schon im Weingarten. Ein ganz wichtiger Faktor ist der Standort mit der dafür bestmöglichen Rebsorte. Dazu braucht es jahrzehntelange Erfahrung, wo die Jungen von den Alten lernen können. Das Grundwissen dazu wird jedoch schon in der Schule gelehrt. Z.B. wird auf einem Kalkboden eine kalkverträgliche Rebsorte oder eine mit der entsprechenden Unterlagsrebe gepflanzt, da sonst die Reben an Chlorose (Gelblaubigkeit) leiden können. Manchmal kann aber trotz sorgfältiger Planung ein Weingarten nicht so zufriedenstellen, wie er soll. Trotz fachlich einwandfreier Behandlung wachsen die Reben zwar wunschgemäß, aber der Wein erreicht nicht die sortentypische Geschmacksnote, was zu der Feststellung führt – die falsche Sorte am falschen Ort. Um sich gut zu orientieren, genügt manchmal auch ein genauer Blick auf die angrenzenden Weingärten und die Erfolge deren Besitzer.

Vorhin war die Rede von 3 Qualitätsstufen bezüglich einer derartigen Qualifizierung, die ich im Einzelnen erläutern möchte, als Anleitung für Menschen, die ausziehen, um sich mit gutem Wein einzudecken.

Kategorie Weißwein:

Qualitätsstufe 1:

Hier wurde alles richtig gemacht. Der Lesezeitpunkt, die Saftreinigung, gekühlte Gärung, Klärung und vieles mehr, damit die aus den Trauben erzielte hochwertige Qualitätsstufe bestmöglich erhalten in die Flasche kommt. Der Wein hat bei der Verkostung die typischen Merkmale der angegebenen Rebsorte mit der erforderlichen Frische und Fruchtigkeit sowie Aromatik. Man spürt oft regelrecht, dass es sich um ein ehrliches, echtes Naturprodukt handelt, entstanden ohne Trickserei, weil auch gar nicht notwendig, da uns die gegebenen Voraussetzungen dazu die Möglichkeit geben.

Eine mögliche Verkostung führt zu eindeutig begeisterndem Geschmacks- und echtem Erfolgserlebnis.

Qualitätsstufe 2:

Es wurde hier zwar auch sauber gearbeitet aber vielleicht haben sich einige kleine Fehler eingeschlichen. Entweder war für einige Zeit der Behälter nicht ganz voll, was zu leichter Oxidation und Aromaverlust führen kann oder für kurze Zeit ist die Kühlung ausgefallen. Vielleicht waren die Trauben nicht ganz perfekt. Man spürt beim Verkosten, dass einige Kriterien nicht so auf der Zunge aufscheinen, wie man es erwarten sollte.

Qualitätsstufe 3:

Das ist jene Kategorie, wo aus Sicht des Fachmanns gröbere Fehler passiert sind. Das kann schon bei der Lese gewesen sein, setzt sich fort mit ungenügender Gärführung, zeitweiser Lagerung in alten Weinfässern, die dem Wein einen Stempel aufdrücken, den er nicht mehr verliert und noch ähnliche andere Sünden, die den Wein geschmacklich in die Anonymität treiben. Auffallend ist oft in solchen Betrieben, dass sich die Weine indifferent zeigen und kaum voneinander zu unterscheiden sind. Als besonderes Beispiel möchte ich hier den Veltliner grün nennen. Diese Sorte ist in etlichen Lagen wenig geeignet, speziell in Trockenlagen. Durch zu späte Lese kommt es zu Säureverlust und der höhere Alkohol führt zu spürbarer Geschmacklosigkeit und fehlender Finesse. Dasselbe passiert auch bei starkem Traubenbehang und im Zuge dessen zu entsprechender Zuckerzugabe und damit überhöhtem Alkohol. Dies ist zwar generell legal und erlaubt, für einen echten Qualitätswinzer jedoch ein echtes „NO GO“. Der ideale Grüne Veltliner wird mit 17 bis 18°KMW geerntet, mit normalen Erntemengen und naturbelassen ohne Zuckerzusatz ausgebaut und hat dabei auch meistens ausreichend Säure. Besonders Weine aus den Rieden von Purbach und Donnerskirchen haben sich diesbezüglich als besonders geschmacklich einwandfrei erwiesen, was nicht heißt, dass nicht woanders auch geeignete Rieden vorhanden sind.

Kategorie Rotwein:

Qualitätsstufe 1:

Dem Gesichtspunkt „Der Wein entsteht zuerst im Weingarten" kommt hier eine besondere Rolle zu, da ein reduzierter Ertrag Voraussetzung für die zu erzielende Qualität ist. Der Rotwein entsteht bei der Ernte durch Maischegärung über mehrere Tage bei einer Temperatur von etwa 25°C. Der gute Winzer trachtet gegen Ende der Gärung möglichst rasch den biologischen Säureabbau einzuleiten, wodurch der Wein einen samtigeren, milderen Geschmack bekommt durch den Abbau der Apfelsäure. Der Rotwein schmeckt durch diese Erzeugungsart voller und griffiger manchmal mit einem kräftigen Gerbstoffpotenzial, wobei die Farbausbeute möglichst stark ausfallen sollte, auch als Beweis für die gute Reife. Je geringer der Flächenertrag, umso farbintensiver und extraktreicher ist das Produkt. Der gute Winzer kommt auch hier ohne, obwohl erlaubt, Zuckerzusatz zur Maische aus. Der Wein wird zunächst im Stahltank gelagert und erst nach einer Verkostung mit Selektion in verschiedene Holzfässer für die Nachreife umgefüllt, sowohl in kleine Barrique (230 l) , als auch in größere Fässer, oft ein Jahr und länger. Vor der Abfüllung wird dann, je nach Einteilung, entschieden, ob der Wein eventuell reinsortig oder in einem Cuvée mit verschiedenen Weinen vereint wird. Dieser Vorgang erfordert sehr viel geschmackliches Unterscheidungsvermögen, da das Produkt möglichst besser und harmonischer schmecken soll als jede einzelne Sorte. Das Aroma spielt beim Rotwein eine untergeordnete Rolle infolge der vorgegebenen Prozedur. Der burgenländische Rotwein hoher Qualität ist mit bestem Fachkönnen weltmeisterlich und so schmeckt er auch.

Qualitätsstufe 2:

Ähnlich wie bei Weißwein mit einigen Unpässlichkeiten, eben nicht ganz perfekt. Eventuell ist ein Cuvée geschmacklich nicht ganz harmonisch o.ä.

Qualitätsstufe 3:

Erkennbar durch ungenügende Geschmacksausprägung, verursacht durch zu hohen Flächenertrag, sichtbar durch helle Farbe, manchmal entsprechend eher einem „Roten Wein" als einem guten Rotwein. Auch trifft man hier oft auf Weine, die in alten Holzfässern gelagert wurden, wodurch der Wein eine indifferente Note bekommt, leichte Braunfärbung und noch einiges mehr. Manchmal werden Rotweine auch im Supermarkt angeboten mit der

Bezeichnung „Lieblich“. Das bedeutet, dass diesem Wein im Nachhinein oft Süßstoff zugesetzt wurde, was jedoch den normalen Qualitätsprodukten gänzlich widerspricht. Üblicherweise kann man eher weinungeübten Menschen damit ködern. Dazu gehören auch Weine, die mit Holzchips zu Barrique-Wein gemacht wurden. Es gibt durchaus Personen, die das anders sehen und darauf verweisen, dass dies legal und erlaubt sei. Ich sehe es als das, was es ist, nämlich ein manipuliertes Schummelprodukt. Der Käufer sieht nur den Preisunterschied. Ein Wein, im Barrique ausgebaut, ist wohl kaum unter einem zweistelligen Betrag kalkulierbar, da die Fässer die Flasche mit mindestens 4 Euro belasten und dann findet man im Supermarkt Preisangebote im einstelligen Bereich je Flasche. Weine, die ein Barrique gar nicht gesehen haben, weil sie im Tank mit einigen Kilo Holzchips produziert wurden. Man sollte sich bei besonders billigen Angeboten immer die Frage stellen „ wie ist das möglich“ und daraus die richtigen Schlüsse ziehen.

Wie schon an anderer Stelle erwähnt, ist die Erzeugung von Roséweinen mit hervorragender Qualitätsausprägung im Burgenland möglich. Das starke Geburtsjahr zur Förderung der Roséweinproduktion war, wie ausführlich beschrieben, das Jahr 1976, obwohl derartige Weine schon vorher vereinzelt gekeltert wurden. Ein Roséwein ist im Wesentlichen nichts anderes als ein Weißwein, nur eben aus roten Trauben ohne der üblichen Maischegärung, der jedoch meistens eine leicht rötliche Färbung bekommen kann, je nach Arbeitsweise. Meistens wird der Saft frei ablaufend verwendet, da beim Pressen die Farbe unerwünscht zunehmen würde. Die Säurestruktur dieser Weine ist oft sehr markant und großartig und sie wirken dadurch besonders fruchtig. Außerdem hat dies Vorteile für die Maische bei der nachfolgenden Rotweinbereitung. Man entzieht der Rotweinmaische einen Anteil des Saftes, sodass der verbleibende Anteil durch mehr Farbe und Körper profitiert.

Um alle hier besprochenen Maßnahmen möglichst exakt und einwandfrei durchführen zu können, ist eine entsprechende maschinelle Ausstattung notwendig, die allerdings oft erhebliche Kosten verursacht. Zunächst möchte ich die Weinlese beleuchten, die uns zur noch immer oft emotional geführten Frage führt: Handlese oder Maschine.

Ich meine, dass beide Arbeitsweisen auch in Zukunft benötigt werden. Es wird immer wieder vorkommen, dass Trauben schimmeln oder anderweitig beschädigt werden, sodass man beim Einsatz von Maschinen nicht mehr im Nachhinein aussortieren kann. Eine händische Vorlese wird dann zwingend erforderlich. Eine Handlese hat zweifellos den Vorteil, dass man während der Lese auf den Zustand der Trauben reagieren und gewisse Auslesemaßnahmen durchführen kann, was bei der Maschinenlese im Nachhinein oft nicht mehr möglich ist. Voraussetzung für eine optimale Handlese ist jedoch, dass man ausreichend Personen findet, die bereitwillig und fähig sind, diese Arbeit auch zufriedenstellend durchführen zu können. Das ist heute schon schwierig und wird in Zukunft sicherlich noch schwieriger werden.

Wenn wir uns die Maschinenlese heute genauer anschauen, wird man feststellen, dass diese schon relativ perfekt funktioniert. Die Maschinen sind bestens ausgestattet, können sich jedem Gelände optimal anpassen und funktionieren so gut, dass die Lesearbeit zu fast 100% Erfolg führt. Die Beschädigung der Rebkulturen ist nur mehr minimal. Der Winzer ist dadurch wesentlich flexibler und kann auf fast alle Wetterereignisse sowie Reifezustand rechtzeitig reagieren, sodass die Weinernte viel rascher und treffsicherer vonstattengeht. Allerdings müssen ausreichend Maschinen rechtzeitig zur Verfügung stehen und die Weingärten sollten behinderungsfrei befahrbar sein. Hinzu kommt, dass der Zustand der zu erntenden Trauben einer möglichst einheitlichen Qualitätsstufe entspricht. Ein wichtiger Faktor ist auch, dass die bei der Maschinenlese innerhalb kurzer Zeit anfallenden Traubenmengen logistisch möglichst rasch und fachlich einwandfrei verarbeitet werden können. Ein eventueller Nachteil sind oft wetterbedingte Behinderungen. Nach einem ergiebigen Regen könnte bei einem schweren Boden eine nachfolgende Maschinenernte vielleicht Probleme bereiten.

Für die Verarbeitung der Trauben werden Rebler und Sortiermaschinen verwendet. Zur Reinigung des Mostes werden Kieselgurfilter und andere, in Nirosta-Ausführung, eingesetzt, wodurch eine saubere Weinproduktion gewährleistet wird. Die Weinpressen funktionieren fast durchwegs pneumatisch, wobei der Druck schonend, kaum mehr als 0,5 bar erreicht. Ein besonderes Kriterium kommt der Reinigung nach der abgeschlossenen Tagesarbeit zu, da die anhaftenden Reste der Ernte an den Geräten zu gären beginnen, manchmal auch zu Essigstich neigen können und daher penibel sauber nach der Arbeit gereinigt und desinfiziert werden müssen. Hier kommen heute oft schon Ozongeräte zum Einsatz.

Normalerweise wird zum frischen Most Gärhefe zugesetzt, damit die Gärung möglichst rasch beginnen kann. Schließlich lauern viele verderbende

Organismen wie Essigbakterien, Schimmel und falsche Hefen, die nur durch eine kräftige Gärung mit einwandfreien Weinhefen erfolgreich verhindert werden kann. Diesbezüglich stehen eine Reihe von speziellen Hefen zur Verfügung wie Aromahefen, besonders gärkräftige Hefen oder Rotweinhefen und viele mehr, erzeugt von besonderen Zuchtbetrieben.

Es gibt jedoch Weinbauern, die darauf schwören, die Gärung mit Naturhefen auszuführen und den Most von selbst gären zu lassen. Hier ist jedoch der Gärbeginn ein Knackpunkt, da sich im Keller noch keine Gärung eingestellt hat und der frische Most daher eine Zeit lang, manchmal mehrere Tage, braucht, wo sich die Hefe entwickeln kann, wobei auch die vorherrschende Temperatur eine große Rolle spielt. Ich kann mich erinnern, dass es einmal ein Jahr gegeben hat, wo die Weinlese bei eisiger Kälte begann. Alle, die auf den Beginn der Gärung warteten, mussten schon nach einer Woche die Bildung größerer Schimmelinseln an der Oberfläche des Mostes feststellen, da die Gärung ausblieb. In diesem Fall könnte man sich damit behelfen, eine kleinere Menge wie z.B. 50 Liter Most warmzustellen und nach Gärstart diese wieder zurück in den großen Behälter geben, wodurch die ganze Menge verlässlich zur Gärung kommt.

Die Gärung erfolgt heute generell in Edelstahltanks, die durchwegs temperaturgesteuert, einen einwandfreien, gewünschten Gärverlauf garantieren. Um ein gutes Sortenaroma zu erreichen, werden Weißweine im Bereich von 16 bis 18°C über etwa 7 Tage vergoren, während Rotweine speziell zur Farbgewinnung bei 24 bis 25°C innerhalb von etwa 3 bis 4 Tagen vergoren werden, wobei der anschließende Säureabbau für Verlängerung sorgt.

Zum Thema Säure möchte ich etwas ausführlicher werden. Die Säure des Weines besteht aus zwei Komponenten, der Weinsäure und der Äpfelsäure. Die Weinsäure ist weitgehend stabil, wenn man davon absieht, dass während der Gärung durch Abkühlung zum Ende der Gärung hin, kristalliner Weinstein ausfällt und sich an der Behälterwand und am Boden absetzt. Die Äpfelsäure kann durch Milchsäurebakterien malolaktisch (wie beim Sauerkraut) zur Milchsäure abgebaut werden, was beim Weißwein meistens tunlichst vermieden wird, beim Rotwein jedoch erwünscht und obligatorisch durchgeführt wird. Dieser zweite Gärvorgang läuft unter Abgabe von CO_2 durch Zufuhr von Wärme (Bakterien arbeiten lieber erst ab 20°C) ab bis er abgeschlossen ist. Bei ungenügendem Verlauf kann man auch mittels Zugabe von Bakterienkulturen den Vorgang fördern.

Die Lagerung der Weißweine erfolgt heute weitgehend in Edelstahltanks, wo der Wein ohne wesentliche Geschmacksveränderung bis zur Abfüllung, meistens bis Anfang des Folgejahres, reifen kann. Der Rotwein wird ebenfalls zunächst im Stahltank gelagert und im Normalfall, etwa ein halbes Jahr nach Erreichen der ersten Reife oder länger, zum Weinsteinausfall und blank gereinigt sowie nach diffiziler Verkostung, in Holzfässer zur Nachreifung eingelagert. Dabei kommen sowohl große als auch kleine Barrique-Fässer zum Einsatz. Letztere werden vorwiegend für besonders griffige, kräftige Rotweine verwendet, wodurch der Wein einen mehr oder weniger deutlichen Holzton bekommt, nach dem Vorbild der französischen Weine. Diese 230-Liter-Fässer werden sowohl aus dem Inland als auch aus dem Ausland bezogen und können mehrmals befüllt werden. Die übliche Lagerzeit eines Rotweines beträgt ein Jahr, manchmal auch länger.

Bild 11: Barriqe-Holzfass-Lager

Zum Thema „Alkohol“ möchte ich noch einmal Stellung nehmen. Zweifellos wird der Klimawandel diesbezüglich einen Einfluss bewirken, speziell die Häufigkeit betreffend. Sowohl bei den Weißweinen, als auch bei den Rotweinen gibt es Sorten, die in unserem Klima höhere Zuckergrade bei der Ernte erreichen können und damit auch erhebliche Alkoholwerte von Natur aus, wobei besonders das Gebiet um den Neusiedlersee betroffen ist.
Bei den Weißweinen sind dies eher die diversen Burgunder-Typen sowie der Gewürztraminer. Unter den Rotweinsorten sind dazu der Blauburgunder,

Zweigelt und Merlot auffällig. Und nun zu einem praktischen Beispiel, wie es einem Weinliebhaber ergehen kann.
Kurz vor Ostern 2024 hatte ich den Wunsch, mir einen guten Rotwein zuzulegen, um Vorrat für ein Ostergeschenk innerhalb der Familie zu haben. Ich habe einen guten Freund, der in meiner Nähe wohnt und von dem ich weiß, dass bei seinem Neffen gute Naturweine zu haben sind. So bat ich ihn, mir einen Karton von dem besten Rotwein zukommen zu lassen.
Als ich den Wein geliefert bekam, habe ich gleich bei nächster Gelegenheit eine Flasche aus dem Karton entnommen, um den Wein zu probieren. Es war ein kräftiger, ansehnlicher und sehr dunkler Rotwein von einer der von mir vorhin genannten Rebsorte. Als ich auf die Etikette sah, meinte ich, mich trifft der Schlag – dort stand ein Gehalt von 15,5 Vol.% Alkohol. Ich bin zwar von Natur aus immer schon gegen zu hohe Alkoholwerte eingestellt, habe mich jedoch bei Rotwein inzwischen etwas in Toleranz geübt, aber dieser Wert hat mich regelrecht umgehauen.
Diese Begebenheit zeigt deutlich die problematischen Verhältnisse, mit denen unsere Winzer immer öfter konfrontiert sind, besonders dann, wenn es die Natur zu gut meint.
Nachdem ein verbleibender Restzucker (Gärunterbrechung) im Normalfall bei Rotwein nicht in Frage kommt, damit der Alkoholgehalt niedriger bleibt, kann in so einer Situation nur die „Frühlese" behilflich sein. Ich meine damit, dass der Lesezeitpunkt bei diesen anfälligen Sorten weitgehend so gewählt werden sollte, die 20°KMW tunlichst nicht zu überschreiten.
Würde es jedoch öfter zu überstarken Alkoholwerten in einem Betrieb kommen, sollte man sich rechtzeitig um die „Entalkoholisierung" umschauen; denn die dafür nötigen Geräte gibt es bereits: Überlegenswert wäre auch der Umstieg auf diesbezüglich weniger problematische Rebsorten wie dem Blaufränkisch, zumindest langfristig gesehen.

Ich habe jahrzehntelang den burgenländischen Weinbauern über die Schulter geschaut, habe gute Ratschläge gegeben und auch bekommen sowie weitergegeben und die daraus resultierenden Erfolge hautnah miterlebt. Dies bringt mich zur festen Überzeugung, dass die Produktion von Wein in all ihren Eigenarten in diesem Land, unserem Burgenland, eine besondere Faszination hat. Es sollte für jeden Neueinsteiger eine besondere Herausforderung sein, großartige Weine produzieren zu dürfen, so wie es die alteingesessenen Winzer bereits mit viel Akribie und Fachkönnen ständig unter Beweis stellen.

Diese Entwicklung ist jedoch nur durch ein strenges Weingesetz möglich. In den Jahren vor 1986 haben wir erlebt, wie durch laufende Verschärfung des Weingesetzes die Schlupflöcher zu illegalen Manipulationen immer enger geschlossen wurden und damit für stabile Verhältnisse bei der Qualitätsproduktion im österreichischen Weinbau sorgten. Wie ich höre, gibt es derzeit Tendenzen, das Weingesetz zu ändern und in wesentlichen Bestimmungen zu „liberalisieren". Ich erhebe warnend die Hand mit Hinweis auf die Vorgänge, die wir beim Weinskandal der 80er Jahre erlebten. Wenn beabsichtigt wird, essenzielle Kontrollpunkte nur mehr stichprobenartig zu begutachten, würde man möglichen Fälschungen Tür und Tor öffnen. Eine Änderung der derzeit strengen weingesetzlichen Bestimmungen würde die großartigen Erfolge der letzten Jahre und für die Zukunft zunichtemachen. Da der Wein leider in der Vergangenheit immer wieder Zielscheibe für Fälschungen war, kann das nur ein lückenlos strenges Weingesetz verhindern. Diesen Zustand haben wir derzeit noch, obwohl mit Beitritt zur EU schon einige Lockerungen stattfanden. Ein Aushöhlen des Gesetzes ist nicht nur für die Weinbauern, sondern auch für die Konsumenten eine katastrophale Entwicklung. Daher mein dringender Appell: Hände weg vom Weingesetz! Derzeit sichern die strengen Bestimmungen die Entwicklung zum Wein-Weltmeister.

Für die Zukunft und Stabilität im Weingeschäft werden zwei Kriterien eine große Rolle spielen. Erstens muss der Tendenz zu Leichtprodukten große Beachtung geschenkt werden, wovon speziell der Rotwein betroffen ist (siehe Frankreich). Es werden mit Sicherheit in Zukunft vermehrt Geräte zur Alkoholreduktion zum Einsatz kommen, sowohl für alkoholfreien Wein als auch allgemein zur Senkung der noch üblichen Alkoholwerte. Zweiter Punkt ist die Preisgestaltung. Hochwertige Weine sollen auch einen soliden Preis erzielen. Für eine Flasche über € 20,- zu verlangen halte ich nur in Ausnahmefällen für gerechtfertigt. Es kann doch niemand zufrieden sein, wenn sich Weinkäufer einen guten Wein im gehobenen Qualitätssegment nicht mehr leisten kann oder will. Etwas Bescheidenheit wird uns sicher nicht schaden.

Fast wöchentlich gibt es Berichte in den Medien über Weine aus dem Burgenland, die hohe und höchste Ehrungen bei nationalen und internationalen Wettbewerben bekommen haben, was meine Erkenntnis eindrucksvoll unter Beweis stellt, von mir interpretiert als „Das Burgenländische Weinwunder" nach den fürchterlichen Ereignissen aus dem Jahre 1985.

Eine fiktive Vorstellung: wenn ich heute einen Weinbaubetrieb übernehmen würde ----

Erstens würde ich die Weinpresse in ein Eck stellen. Sämtliche Trauben werden auf der Maische vergoren und etwa nach zwei bis drei Wochen entsaftet (frei ablaufen gelassen). Zum Vergären werden entsprechend große Gärbehälter mit schrägem Boden aufgestellt und innen befindlichen Siebböden zum Entsaften. Vorne an diesen Behältern ist ein größeres Türl angebracht für die Maischeentleerung. Darunter kämen neu zu konstruierende Kleinpressen mit Siebböden und Einhänggewichten zum leichten Nachpressen. Die restliche Maische wird zu Schnaps gebrannt.

Der weiße Jungwein kommt für etwa zwei Monate in große Holzfässer zur Selbstreinigung und von dort in ein Großtanklager bis zur Abfüllung in den ersten Monaten des neuen Jahres und werden dann unfiltriert jugendlich frisch in Flaschen gefüllt.

Daher gibt es keine Weinpresse, keine Großfilteranlagen außer einem kleineren Filter für Sonderfälle und damit wesentlich geringere Investitionskosten. Sogar die üblichen Füllanlagen könnte man sich durch Füllung im Eigengefälle ersparen. Damit wäre auch der Arbeitsaufwand deutlich reduziert und gäbe Anlass zu weniger Manipulation und geringerem Qualitätsverlust, höchstens einer spezifischen Eigenart. Das bedeutet aber auch, dass weniger Personal benötigt wird.

Wenn jemand mit dieser Version liebäugelt, könnte er ja mit etwa 1000 kg Trauben einen Versuch machen.

Eine ziemlich einmalige Weingeschichte

Illmitz, eine der großen Weinbaugemeinden des Seewinkels, war eine der ersten Fremdenverkehrsgemeinden und die Begegnung der Gäste mit der einheimischen Bevölkerung spielte sich oft in den Gasthöfen ab.

So ergab es sich, dass ein Gast aus Deutschland, ein Jäger, mit einheimischen Jägern Freundschaft schloss, wozu auch ein erheblicher Weinkonsum beitrug. Zwischendurch äußerte der Gast den Wunsch, gerne zu einem Abschuss eines Wildschweines eingeladen zu werden. Bei erfolgreicher Jagd würde er alle zum Schüsseltrieb einladen und die Kosten samt den Getränken übernehmen. In seliger Weinlaune wurde dem Gast die Jagd auf ein Wildschwein vollmundig zugesagt.

Dazu sei erwähnt, dass in dieser Gegend und in dieser Zeit keine ortsfeste Wildschweinpopulation vorhanden war und gelegentliche Abschüsse ausschließlich einzeln durchziehende Tiere betrafen. Somit konnte man seriöserweise einen erfolgreichen Abschuss unmöglich versprechen. Die einheimischen Jäger waren ausgefuchste Schlitzohren und sagten ihrem Gast für die nächsten zwei Tage, die Möglichkeit zur Wildschweinjagd zu. Man traf sich am Abend nach Sonnenuntergang und begab sich auf einen Hochstand zum Ansitz.

In der Nähe des Hochstandes war eine Buschgruppe und da bewegte sich etwas. Es wurden die Umrisse eines Schweines im Fernglas sichtbar. Der einheimische Jäger flüsterte: „Schießen, Wildschwein!“. Der deutsche Gast zielte und schoss – das Schwein war erlegt. Als der Schütze das Zielobjekt begutachten wollte, benutzten die einheimischen Jäger alle möglichen Ausflüchte, um den Gast von der Besichtigung abzuhalten. Er erhielt als erfolgreicher Jäger ein üppiges „Weidmannsheil“ mit kräftigem Schulterklopfen. Was er nicht wissen konnte, ein mit Erde dunkel gefärbtes, gewöhnliches Hausschwein wurde von den einheimischen Jägern am Hinterbein an einem Busch angebunden und ihm als Wildschwein präsentiert.

Anschließend wurde im Wirtshaus gefeiert unter Mithilfe von ausreichend Alkohol. Der deutsche Jäger hatte sein „Wildschwein“ niemals zu Gesicht bekommen.

Die Weingärten des Burgenlandes

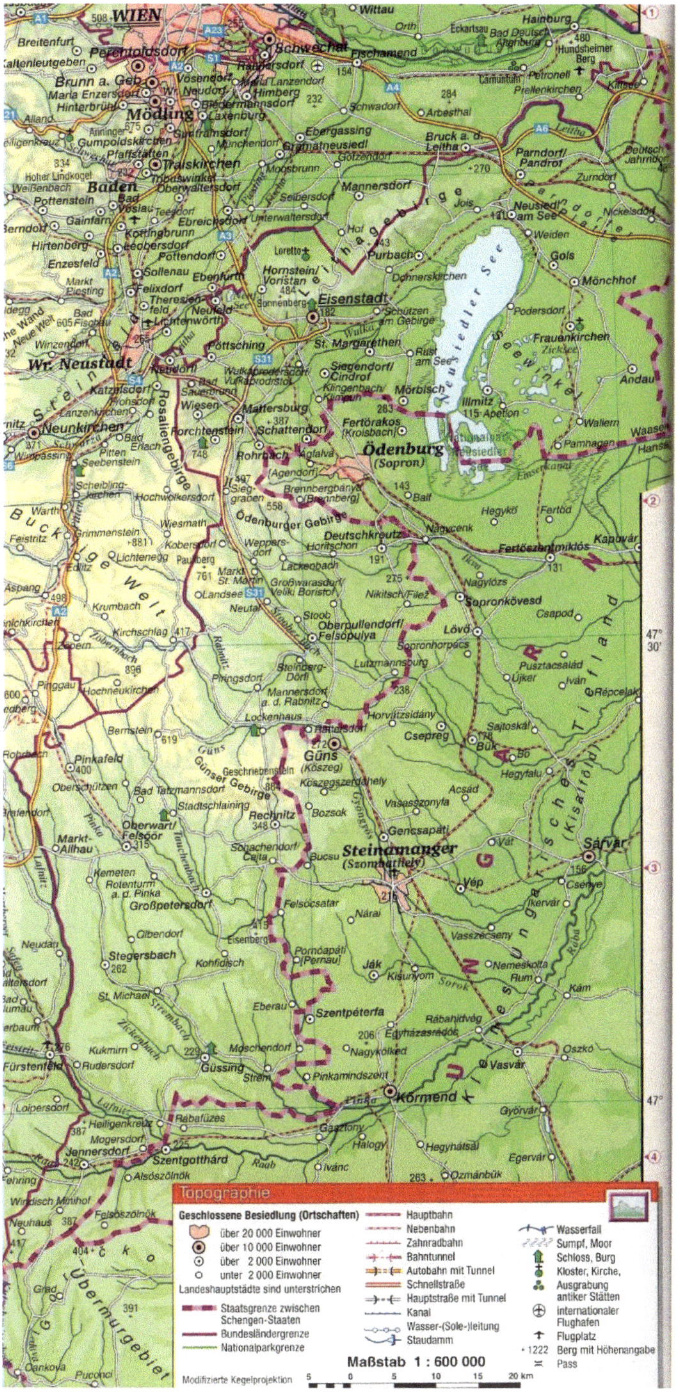

Das Burgenland ist schmal und langgezogen, ausgerichtet von Norden nach Süden.

Bild 12 : Reliefkarte Burgenland

Weinbaugebiete des Burgenlandes

Neusiedlersee

Leithaberg

Rosalia

Mittelburgenland

Eisenberg

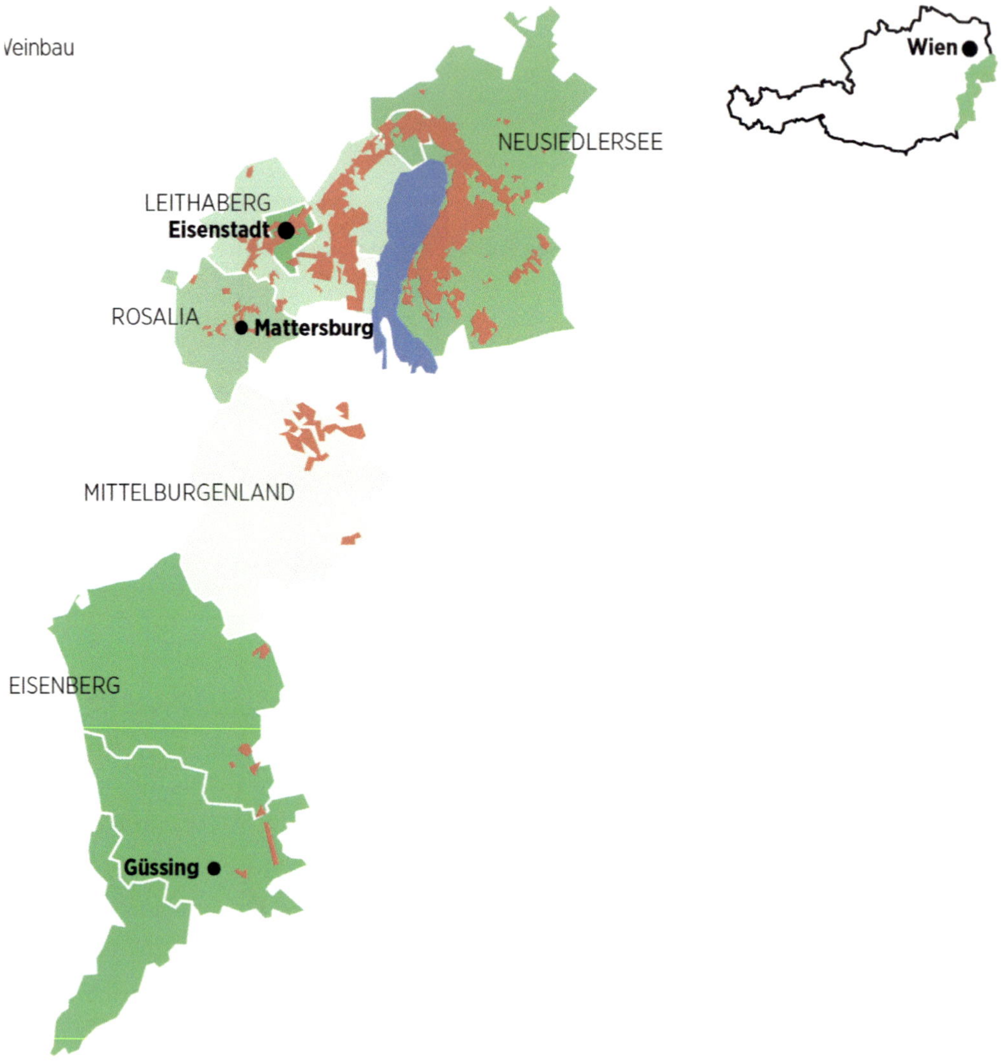

Bild 13: Weinbaugebiete Burgenland – www.vinum.eu

Der Bezirk Neusiedl/See

Ist das größte Weinbaugebiet des Burgenlandes und umfasst im Wesentlichen die Ortschaften vom nördlichen Ende des Leithagebirges bis in den untersten Seewinkel mit einer Enklave bei Kittsee. Die Ortschaft mit den meisten Weingärten ist Gols. In Illmitz und Mönchhof sitzen die Prädikatsweinkaiser mit den meisten „Großen Goldmedaillen" der Weinmesse Ljubljana (Laibach), der Süßwein-Pionier Kracher sowie die Stroh und Schilfweinhersteller Stiegelmar und Opitz mit seinen Kontakten nach England. In Andau sitzt der größte Falstaff-Sieger, Scheiblhofer, in Mönchhof, die Weingüter Hafner, der erste Eisweinwinzer und Erzeuger von Koscherwein sowie Pöckl und Keringer, in Jois Pasler-Bäck und Hillinger, die Sektbrüder Szigeti in Gols und in Zurndorf ANOBIS. Der Rotweinpionier der ersten Stunde, das Weingut Umathum, kann in Frauenkirchen besucht werden.

Spezialitäten des Gebietes sind leichte, spritzige und fruchtige Naturweißweine, vollmundige, kräftige Burgunder, aromatische Muskatweine, Prädikatsweine bis zu köstlichen Trockenbeerenauslesen sowie samtige, vollmundige Rotweine, speziell vom Zweigelt und hervorragende Sekte, die mit Frankreich den Vergleich nicht zu scheuen brauchen.

Bild 14 Apetlon

Bezirk Eisenstadt

Das Weingebiet zieht sich entlang des Südosthanges des Leithagebirges, hinüber bis nach Hornstein/Müllendorf und zum querliegenden Ruster Hügelland mit den ältesten Weinbaugemeinden des Burgenlandes.

Hervorzuheben ist Oggau, wo Andreas Kern 1930 und 1932 den Grand Prix de Paris für seinen Blaufränkisch als besten Wein der Welt erringen konnte aber auch Rust, die nostalgische Freistadt, Lehrmeister des Seewinkels für hohe Prädikatsweine und immer wieder mit Tokay verglichen wird. Mörbisch ist bekannt durch die Festspiele und dem Opernballwein, der meine Handschrift trägt. St. Margarethen kann nicht nur mit ausgezeichneten Weinen, sondern auch mit den Festspielen im Steinbruch aufwarten. Donnerskirchen ist bekannt durch das „Weinquartett" und die mittelalterliche Stadt Purbach durch die Heurigen-Kellergasse. Spezialitäten sind leichte, erfrischende Weißweine, hervorragende Prädikatsweine bis zu feinsten Kreszenzen, besonders bei den Altmeistern in Rust sowie großartige, kräftige Rotweine. Außerdem will sich nach neuesten Bestrebungen eine alteingesessene Sektkellerei aus Wien in Müllendorf neu ansiedeln, eine echte Bereicherung

Ergänzend wäre noch zu erwähnen, dass sämtliche Anrainergemeinden des Neusiedlersees unbegrenzten Zugang direkt zum See anbieten..

Bild 15: Schloss Esterházy

Bezirk Mattersburg

Das Weingebiet erstreckt sich von der Rosalia bis in die beginnende Wulkaebene, als Zentrum Pöttelsdorf mit den kräftigen Rotweinen, speziell der Sorte Blaufränkisch, fruchtige, feine Wei0weine samt den Schinkenspezialitäten in Loipersdorf und Pöttelsdorf.

Bild 16: Burg Forchtenstein

Bezirk Oberpullendorf - „Blaufränkischland"

Dieses Gebiet umfasst das mittelburgenländische Hügelland mit den Hauptorten Neckenmarkt, Horitschon, Lutzmannsburg, Raiding und dem Zentrum Deutschkreutz. Man findet hier eingesessene und gut funktionierende Genossenschaften und Namen der Weingüter Gesellmann, Welanschitz, Wieder, Igler und einige mehr. Das Gebiet kennt man als „Blaufränkischland". Die Hauptsorte ist demnach der Blaufränkisch, der in Ungarn als „Kekfrankosch" und in Deutschland als Lemberger bezeichnet wird. Die Rotweine dieses Gebietes haben sich mit grandiosen Qualitätsprodukten einen Namen gemacht.

Bild 17: Horitschon – Donatus Kapelle

Südburgenland – „Die Weinidylle“

Das Südburgenland umfasst die drei südlichen Bezirke Oberwart, Güssing und Jennersdorf. Das Weingebiet nennt sich „Weinidylle“ und zieht sich vorwiegend am Südosthang des Hügelgebietes, entlang der ungarischen Grenze bis zur südlichen Grenze mit Slowenien.
Spezialtäten sind großartige, würzige Rotweine, speziell von der Sorte Blaufränkisch sowie spritzige Weißweine vom Welschriesling und das hervorragende Kultgetränk „Uhudler“, ein Wein aus amerikanischen Wildreben, die nach dem Niedergang des europäischen Weinbaus in den 1870er-Jahren noch übriggeblieben sind, da sie nicht krankheitsanfällig sind und als kleine Weingärten hinter den Kellerstöckeln oder als Haushecke stehenblieben. Außerdem hat sich der „Rübezahl“, ein einheimischer Sonderling, für die Erhaltung in den 1970iger-Jahren dieser Weinsorten eingesetzt, sodass die diesbezüglich geltenden Ausnahmeregelungen für den Erhalt der Sorte heute noch wirksam sind. Während des Weltkrieges und in den Folgejahren war diese Weinart zunächst verboten.
Sehr beliebt sind bekannte Riede am Eisenberg, die Begegnungszone beim Weinstadl in Moschendorf, das Kellerstöckeldorf Kohfidisch, Deutschschützen sowie Rechnitz und das Kellerdorf Heiligenbrunn mit den strohgedeckten Kellerhäusern.

Das Burgenland ist eines der schönsten Weinländer der Welt und immer einen Urlaub wert

Bild 18 strohgedecktes Bauernhaus

Ein Burgenländisches Schicksal

Andreas Kern, geboren am 05.03.1876 in Oggau am Neusiedlersee, aufgewachsen mit 8 Geschwistern in einem Kleinbauernhaus in der Sechshausgasse. Als Halbwüchsiger kam er in die Lehre zu einem Fleischhauer im Ort. Die Vorkenntnisse als Fleischhauer waren zwar nützlich, sein Berufswunsch zog ihn jedoch in die Gastronomie. Er begann als Kellner in Budapest, wo er auf Grund seiner Tüchtigkeit bald Oberkellner wurde.

Bild 19:. Andreas Kern

Nach einigen Jahren übersiedelte er in ein Hotel nach Preßburg, wo er sich ebenfalls bestens bewährte. Andreas Kern heiratete Wilma Schön aus Preßburg, aus dieser Ehe gingen drei Kinder, Mimi, Johnny und Margarethe hervor. So blieb es nicht aus, dass er sich bald selbstständig machte und ein kleines Wirtshaus eröffnete. Dieses Lokal wurde ihm aber bald zu klein und so bezog er 1913 ein neues Lokal, „das Blumenstöckel" in Preßburg. Es sollte sein absolutes Erfolgserlebnis werden, denn er war auf einmal mit 37 Jahren selbstständiger Gastronom mit eigenem Restaurant.

Das Lokal wurde zum Treffpunkt der gehobenen Gesellschaft. Der Ruf des Lokals reichte bis nach Wien, von wo viele Gäste oft mit der Preßburger-Bahn angereist kamen. Das Restaurant war so erfolgreich, dass der Personalstand bis auf 25 Personen anwuchs. Die Lokalität lag mitten in der Innenstadt von Preßburg, gleich neben der Oper.

Durch seine gastronomische Tätigkeit hatte Andreas Kern Zugang zu Wein aus allen Ländern der Welt, speziell aus Frankreich und Italien. Als geborener Oggauer, wo seit über 2000 Jahren Wein angebaut wurde, war er jedoch der Überzeugung, in seinem Lokal diese heimischen Produkte bevorzugen zu müssen. Er fuhr öfter nach Oggau und suchte sich von den Bauern die besten Weine aus, die er sich dann, in Flaschen abgefüllt, nach Preßburg schicken ließ.

So konnte die Liebe zu seinem Heimatort nicht abreißen und es wurde der Wunsch immer größer, sich dort ein Domizil zu bauen.

Durch sein Engagement und finanziellen Erfolg konnte er sich 1923 ein Grundstück in der Triftgasse von Oggau erwerben, wo er seine „Villa“ in solider Ziegelbauweise errichtete. Bald kam ein Weingarten in der Ried „Marienthal“ dazu und zeitgleich wurde ein Weinkeller mit Presshaus errichtet, örtlich bedingt in Flachbauweise.

Bild 20:

Ziegelhaus

Triftgasse/Oggau

Der Weinkonsum in seinem Lokal war groß genug, dass er trotzdem bei „seinen“ Weinbauern einkaufen musste. Diese ermunterte er immer wieder, gehobene Qualitätsweine zu produzieren, für die er auch bereit war, mehr als den üblichen Preis zu bezahlen.

Dann kam das Jahr 1930, neun Jahre nach Gründung und Anschluss des Burgenlandes an Österreich, wo die öffentliche Ordnung noch etwas auf wackeligen Beinen stand. Andreas Kern erfuhr, dass in Paris die „VII-Weltausstellung“ stattfand und mit dabei eine große Weinprämierung. In der vollen Überzeugung, dass „sein Oggauer Blaufränkisch“ von bester Qualität wäre, reichte er von diesem eine Probe zur Begutachtung in Frankreich ein. Er hatte sich bei seinen Weinbauern die besten Trauben ausgesucht und gleich eine größere Menge gesichert. Bald kam aus Paris die Nachricht, dass er für seinen Wein den Grand Prix de Paris zuerkannt bekommen hatte und damit die besten Weine der Welt überflügelte, besonders die siegessicheren Franzosen. Man kann sich vorstellen, wie groß die Freude war.

Dieses Ergebnis schlug in Paris Wellen. Die französischen Weingüter, die sonst immer zu den Siegern zählten, gingen auf einmal leer aus. Aus heutiger Sicht kann man sich vorstellen, wie konsterniert diese Leute und die ganze Fachwelt dort gewesen sein mussten, denn ein kleiner Winzer und Gastronom aus Oggau, dessen Name für Franzosen unaussprechlich war und noch dazu völlig unbekannt, schnappte ihnen den ersehnten Titel vor der Nase weg.

Bild 21: Urkunde „Grand Prix“ und „Medaille d’or“

Auch für Andreas Kern gab es große Veränderungen. Er kaufte sich ein Auto, damals noch keine Selbstverständlichkeit. Sein Sohn Johnny musste den Führerschein machen und sie fuhren dann nach Paris, um die Trophäe, die Medaille d'or und das französische Ehrenkreuz mit den französischen Nationalfarben entgegen zu nehmen. Die Gemeinde Oggau verlieh ihm daraufhin spontan 1931 die Ehrenbürgerschaft.

Bild 22:

Weinfässer in den Weingärten/Oggau

Auf dem um 1970 errichteten Weinwanderweg in Oggau, wurden zwei Holzfässer aufgestellt, die an dieses Ereignis erinnern sollen.

Dies sollte keine Eintagsfliege bleiben und so gelang es Andreas Kern noch einmal, diesmal auf der Weltausstellung in London 1932, die Franzosen zu schlagen und den Grand Prix für seinen Rotwein einzuheimsen.

In Österreich hat sich die Kunde vom guten „Oggauer" bald weit verbreitet und vor allem die Gastronomie in Wien schätzte sich glücklich, diesen auf der Weinkarte anbieten zu können.

Andreas Kern war weiter erfolgreich, bis der 2. Weltkrieg kam. Im Herbst 1944 übersiedelte meine Familie von Schlesien nach Oggau. Meine Mutter, Margarethe Stainer, jüngste Tochter von Andreas Kern, mein Vater Harald Stainer, Offizier, und drei Geschwister. Mein Großvater war auch da und hat mich einmal auf die Seite genommen, ich war damals 10 Jahre alt. Er fragte mich, was ich einmal werden möchte. Ich habe ihm zugesichert, dass ich mich in Klosterneuburg zum Weinfachmann ausbilden lassen möchte. Es war mein letztes Zusammentreffen mit ihm. Unsere Familie fuhr bald mit dem Zug nach Innsbruck zu den väterlichen Großeltern, um vor den Russen zu flüchten.

Zum Kriegsende, Preßburg lag in der Tschechoslowakei, wurden die Benes-Dekrete den deutschstämmigen Bewohnern zum Verhängnis. Oft über Nacht wurde die Volksgruppe aus den Häusern geholt und musste, nur mit dem was sie am Leibe trugen, fluchtartig ihr bisheriges Zuhause verlassen.

Über Umwege durch Niederösterreich kam die Familie Kern 1945 in Oggau an. Andreas Kern war praktisch am Boden zerstört und sein Lebenswille am Tiefpunkt. Er hatte sein ganzes Lebenswerk verloren und starb am 10. Dezember 1945 mit 69 Jahren in seiner Heimatgemeinde Oggau an einer eher harmlosen Wunde an der Hand.

Im Jahre 1996 wurde ihm zu Ehren die obere „Hintausgasse“ der Hauptstraße auf der Seite des Gemeindeamtes zur „Kommerzialrat Andreas Kern-Straße“ benannt.

Meine Familie kam im Sommer 1945 zurück nach Oggau und fand den Großteil des Hauses besetzt. Im oberen Stock wohnte ein deutscher Militärarzt, der vom Krieg übergeblieben war, im Erdgeschoss ein russischer Offizier samt Begleitung. Wir hatten gerade noch zwei zusammenhängende Zimmer zur Verfügung. Es folgte eine schwere Zeit bis wir dann eine Gluckhenne samt Küken bekamen. Dazu kamen noch zwei Ziegen und damit wurde es wesentlich besser. Erst 1955 war der Spuk vorbei, die Russen zogen ab.

Der Geist von Andreas Kern sollte uns jedoch schicksalshaft begleiten. 1956 wurde das „Gmoa“-Wirtshaus zur Verpachtung ausgeschrieben („Gemeindegasthof“), wofür sich meine Mutter bewarb und tatsächlich den Zuschlag erhielt. Es sollte ebenfalls eine Erfolgsgeschichte werden. Meine Mutter war eine ausgezeichnete Köchin. Ein Schwerpunkt waren Fischgerichte mit Fischen aus dem Neusiedlersee, auf fünf verschiedene Arten zubereitet, und zwar rot, grün, blau, gebraten oder gebacken und ihre berühmte besonders schmackhafte Fischsuppe, von denen Bekannte von damals noch heute schwärmen.

1960 lief die Pacht aus und meine Eltern bauten die „Kern-Villa“ im Andenken des Großvaters zum „Restaurant Blumenstöckl“ um. Viele Gäste kamen von nah und fern, um das gute Essen im Garten oder im Lokal zu genießen.

Leider verstarb mein Vater 1963 plötzlich. Meine Mutter, die 11 Jahre jünger war, ging 1975 in Pension und musste das Lokal in Ermangelung eines geeigneten Nachfolgers schließen. Meine Mutter verstarb im stolzen Alter von 95 Jahren im März 2007.

Auch bei mir sollte sich eine gravierende Veränderung ergeben, ganz ohne Absicht, aus reinem Zufall. Ich, Ing. Heinz Stainer, war Weinbauberater bei der burgenländischen Landwirtschaftskammer, wohnhaft in Eisenstadt mit Frau und drei Kindern. 1979 mit gerade 45 Jahren, begann ich meine zweite Karriere als Edelbrenner, dies sollte nach meiner Pensionierung meine große Leidenschaft werden.

Mein Großvater, könnte er noch leben, hätte sicher seine Freude.

I have a dream

Dabei träume ich eher selten und eher Unbedeutendes. Diesmal war es aber anders, nämlich deutlich und sehr intensiv.

Unser Landeshauptmann hat zur Bio-Welle aufgerufen. Was für Politiker leicht gesagt ist, ist in der Umsetzung nicht ganz so einfach, denn die dazu nötigen, guten Preise können Politiker wiederum nicht garantieren. Jedoch finde ich, dass es der richtige Weg ist.

Mein Traum geht aber noch einen Schritt weiter, nämlich zum „Schlaraffenland“. Es ist dies eine großartige neue Anlage mit Restaurant, Hofladen, Gärtnerei, Landwirtschaft, Förster mit Tiergarten und einer Bäckerei. Alles ist auf biologischer Arbeitsweise mit Nachhaltigkeit aufgebaut und dementsprechend ist auch das Angebot.

Im Zentrum der Restaurantanlage steht ein Holzbackofen, der sowohl vom Biobäcker als auch von der Küche bedient wird. Den ganzen Tag gibt es frisches Gebäck, Schweins-, Kümmelbraten, Spanferkel und einiges mehr. Küchenschwerpunkt ist jedoch Hausmannskost und Vegetarisches, wo vor allem die eigene Gärtnerei als Zulieferer fungiert.

Sowohl der Förster (Wildfleisch) als auch der landwirtschaftliche Betrieb (Mangalitza, alte Landrassen, Angus Rinder) liefern Produkte von biologisch ernährten und freilaufenden Tieren. Der Tierpark ist vor allem Anziehungspunkt für Familien mit Kindern.

Die Gärtnerei ist vielseitig aufgestellt mit vielen Gemüsearten, auch mit heute noch seltenen Sorten, vielen Gewürzpflanzen und Kräutern, wobei daneben ein großer Kompostplatz betrieben wird, der auch privaten Grünschnitt annimmt.

Im Hofladen werden täglich Bioprodukte, sowohl eigene als auch solche von Biobauern aus der Umgebung angeboten. Das Restaurant hat einen großen Gastgarten, eingeteilt in grüne Nischen, überdeckt mit kleinen Zelten sowie zwei Großtische für größere Gesellschaften.

Zusätzlich gibt es einen großen holzbefeuerten Kupferkessel für Kesselgulasch, Szegediner oder andere Kesselgerichte.

Angedacht wäre auch eine Pilzzucht, eine Ölmühle, ein Imker und mehr. Das Restaurant hat einen Gewölbeweinkeller in Ziegel- und Natursteinbauweise, in dem Naturweine aus der Region eingelagert und auch im Shop angeboten werden.

Im gesamten Betrieb ist Zucker komplett verboten. Es dürfen nur süße Naturersatzstoffe wie Birkenzucker, Agavensirup, Honig und ähnliches verwendet werden. Dasselbe bei Öl und Essig. Mit einem Wort „das Schlaraffenland“ für biologische Ernährung. Die Toiletten werden biologisch, wassersparend mit Wirtschaftswasser über eine Regenwasserzisterne betrieben.

Mein Traum ist noch nicht zu Ende. Jetzt wird es erst recht interessant. Es ist der Wunsch nach schönen Erlebnissen an diesem wunderbaren Ort.

Als Jäger werde ich vom Förster des Schlaraffenlandes, einem guten Bekannten von mir, eingeladen, ein Wildschwein zu erlegen, denn das Restaurant brauche 25 kg Wildschweinfleisch für ein Kesselgulasch.

Ich soll an einem Montag um 13 Uhr in der Anlage sein. Überpünktlich, schon 10 Minuten früher, stelle ich mein Fahrzeug ab. Ich bin das erste Mal hier. Am großen Platz vor dem Restaurant begrüßt mich ein Weinbaum, ein etwa 4 Meter senkrecht aufgestellter Stamm mit am oberen Ende befindlichem, großen Metallring, unten, asymmetrisch angeordnet, die Reben. Wie man mir auf Nachfrage mitteilt, sind sieben Piwi-Reben eingepflanzt worden (diese sind krankheitsresistent), wachsen an einem Metallgerüst hinauf, wo sie dann fächerförmig an Drähten zur Spitze hinaufwachsen. Ein sehr interessantes Objekt.

Ich finde das Försterhaus und der Förster nimmt mich gleich mit einem Jagdwagen in den Tierpark mit auf einen Hochstand. Der Jäger lässt mich auf dem Hochsitz Platz nehmen und streut etwas Futter aus, klopft auf die Schüssel und kommt mir nach. Nach drei Minuten sind die ersten Wildschweine da und es werden immer mehr. Der Jäger deutet auf ein bestimmtes Tier, das ich dann anvisiere aber es läuft eher unruhig hin und her, eine gute Schussposition ist kaum möglich. Jetzt deutet er auf ein anderes Tier, das sich ruhig verhält und ich komme zum Schuss und kann einen Überläufer waidmännisch erlegen. Wir bäumen ab, ich bekomme ein kräftiges „Waidmanns Heil“, wir tragen das Wildschwein zum Jagdwagen und fahren zurück, wo ein Forstgehilfe das Tier aufbricht. Wie es üblich ist, bekomme ich die Leber des Tieres. Die Frau des Försters serviert noch einen Schluck fürs Jagdglück und ich werde entlassen. Beim Hinausgehen melde ich mich noch für das zwei Tage später stattfindende Kesselgulasch an.

Wie ich erwartete, wird das Kesselgulasch zum Festessen. Ich nehme noch einen Freund mit und wir setzen uns an einen reservierten Tisch. Die Nachbartische sind bereits voll besetzt. Man trinkt zwar üblicherweise zum Gulasch ein Bier, aber wir wählen lieber einen leichten Welschriesling mit 11 Vol% Alkohol.

Zum Gulasch gibt es aus dem Backofen frisches Gebäck und so wird das Wildschweingulasch zum Gourmet-Essen. Der Koch hat mir dann noch sein Rezept verraten, was er mir aber erst preisgegeben hat, als ich ihm eine Flasche Schnaps von meinem besten Erzeugnis versprochen habe.

Er nimmt 20 kg Zwiebeln, die in der Küche angeschwitzt werden. In dem angeheizten Kupferkessel werden dann 25 kg Schweinefleisch angebraten, dann die Zwiebel dazu und nach einer Viertelstunde wird mit 20 l kräftigem Rotwein aufgegossen, wobei 5 l in Reserve bleiben, je nach Bedarf zum Nachgießen. Das Ganze köchelt circa drei Stunden und wird mit einer Zugabe von Kräutern wie Thymian, rotem Paprika und Majoran komplettiert – ein echter Hochgenuss. Wir gönnen uns noch ein gutes Schnapserl und treten die Heimreise an.

Im Mai erhalten meine Frau und ich eine Einladung ins Schlaraffenland zu einem Spanferkelessen. Aus dem Bekanntenkreis feiert jemand Hochzeitstag. Wir sind etwas mehr als zwanzig Personen und nehmen an einem etwa 10 m langen Tisch Platz, schwer und breit und extra für größere Gesellschaften vorgesehen. Es riecht schon verdächtig gut, aber zunächst gibt es ein Glas Sekt. Alle prosten dem Jubelpaar zu. Der Sekt schmeckt ausgezeichnet und meine Sitznachbarin erzählt mir, dass dies ein ganz besonderes Produkt sei. Es ist ein Winzer-Sekt, der speziell für das Schlaraffenland von einem burgenländischem Sekthersteller erzeugt wird, ganz ohne Zucker. Mein Interesse ist geweckt, da ich glaube über die

Sektherstellung besser Bescheid zu wissen aber die Herstellung ohne Zuckerzugabe, ist für mich nicht erklärbar. Soviel ich weiß, nimmt man für die Sektproduktion einen fertigen Wein, der mit einer bestimmten Menge Zucker und Hefe nochmals zum Gären gebracht wird. Die Zuckermenge muss genau dosiert werden, da bei zu wenig Zucker die Kohlensäure zu gering ausfällt und bei zu viel Zucker die Flaschen zu viel Druck erhalten und zerreißen können. Leider kann mir die gute Frau das auch nicht erklären. Der Sekt schmeckt jedenfalls sehr süffig, eher leicht, mit einem etwas muskatartigen Aroma, einfach großartig und ich nehme mir vor, mich diesbezüglich etwas schlau zu machen.

Und dann kommt das Spanferkel, direkt aus dem Holzbackofen. Zuerst werden die Beilagen aufgetragen – Serviettenknödel, Weinkraut und Pfirsichhälften als Zugabe. Der Koch kommt mit einer hohen, weißen Kochmütze und beginnt das Spanferkel zu zerteilen, sodass die Kellner die Portionen austeilen können. Wir sind alle in bester Laune, denn das Schweinderl schmeckt wirklich ausgezeichnet. Dazu gibt es einen leichten Grünen Veltliner, der sehr gut zur Hauptspeise passt, nämlich süffig und anregend. Es wird spät an diesem Abend.

Ing. Heinz Stainer, der Schnapsbrenner.

Ich kam durch reinen Zufall zum Schnapsbrennen. In meinem Hausgarten standen zwei Wliamsbirnenbäume, die im Jahre 1979 außergewöhnlich viele Früchte trugen. Es waren so viele Früchte, für die wir einfach keine Verwendung hatten.

So kam ich auf die Idee, daraus einen Schnaps machen zu lassen. Ich besorgte mir eine Plastiktonne, schnitt die Birnen mehrmals durch (Zerkleinerungsmaschine war keine vorhanden) und ließ alles ordentlich vergären. Im Herbst kam dann noch ein Behälter mit Weintrester dazu und anschließend kümmerte ich mich um den Brennvorgang und suchte für eine Brennbewilligung beim Finanzamt an. Dabei lernte ich gleich die komplizierten Regeln für dieses Metier kennen. Jetzt benötigte ich einen Schnapsbrenner, der bereit war, mein Produkt im sogenannten Lohnverfahren zu übernehmen. Diesbezüglich wurde ich in Gols fündig.

Bild 23: die Anfänge der Edelbrennerei Stainer

Diese Vorgänge sollten mein Leben total verändern und einen Prozess in Gang setzen, der wohl kaum vorhersehbar war, zumindest nicht in diesem Ausmaß.

Ich war mit dem Ergebnis des Brandes hochzufrieden, um nicht zu sagen, begeistert. Daher gab es im nächsten Jahr eine Fortsetzung, diesmal mit noch mehr Früchten. Beim Williams war ich ganz besonders um reine Verarbeitung bemüht. Leider machte der Brenner einen gravierenden Fehler, über den ich mich maßlos ärgerte. Er gab beim zweiten Brand einen Rest vom Trester zum Williams dazu.

Jedenfalls war die „Flamme“ der Begeisterung gezündet und die Lust zum Schnapsbrennen loderte riesengroß. In den nächsten Jahren borgte ich mir mehrmals ein 100-Liter-Gerät aus um die Schnapsbrennerei selber zu probieren. Der Kessel wurde mit Holz befeuert und so musste ich lernen, dass man für schnelles Feuer, kleines Sprisselholz benötigt, für langes Erhaltungsfeuer größere Holzstücke. Da ich damals noch keinen Holzvorrat besaß, war es sehr mühsam. Die Schnapsbrennerei begeisterte mich weiter und ich war mit dem Ergebnis der Eigenproduktion sehr zufrieden. Da ich es langsam leid war, ständig die geborgten Kessel mit meinem Anhänger abholen und wieder zurückbringen zu müssen, kaufte ich mir 1986 selbst einen Kessel, eine Art, wie sie bei uns damals üblich war, nämlich 100 Liter mit dem aufsetzbaren Deckel und Holzfeuerung.

Jetzt legte ich richtig los und besorgte mir alle möglichen Früchte, auch aus dem Wald. Nach drei Jahren war dieser Kessel nicht mehr ausreichend und ich kaufte mir einen großen Kessel gleicher Bauweise mit 150-Liter und Gasheizung (Flaschengas). Vor allem die Trester konnten mit diesem Gerät sehr gut gebrannt werden. Der Gasverbrauch war allerdings ziemlich hoch, weil am Tag etwa eine 33-Liter-Flasche verbraucht wurde. Außerdem fror der untere Teil der Gasflasche ein, wodurch sie nicht restlos entleert werden konnte. Da ich schon seit Längerem meine Brände zu Schnapsbewertungen einschickte, wurde festgestellt, dass immer wieder gelegentlich leichte Nachlauftöne vorkamen, was mich insofern ärgerte, da ich mich sehr bemühte, dieses zu verhindern. Zusätzlich wurde der Preis fürs Gas ständig teurer, sodass ich das Gerät dafür verantwortlich machte. Da ich inzwischen mit meinen guten Edelbränden eine erhebliche Bekanntheit erreicht hatte, konnte ich mir Geld zur Seite legen. So wurde der Wunsch immer stärker, ein echtes Profigerät aus Deutschland zu besorgen und die Lust dazu wurde immer größer. Es sollte auf jeden Fall ein Gerät mit Dephlegmator sein zur weitgehenden Verhinderung der Nachlauftöne. Kurz vor meiner Pensionierung, Ende 1993, war es dann soweit. Ich hatte mir die Investitionssumme angespart und ein neues 150–Liter–Gerät aus der Nähe von Stuttgart angeschafft.

Die Schnapsbrennerei erlebte generell im Burgenland und auch sonst in Österreich einen echten Boom. Die Qualitäten wurden immer besser, wozu auch die Prämierungen, sowohl der Länder als auch von der Destillata und anderen Einrichtungen, beitrugen. Waren früher eher einfache Schnäpse mit um die 50 Vol% aus Zwetschge oder Obstler üblich, kamen jetzt auf einmal feine Edelbrände seltener Sorten wie Himbeere, Holunder und Ähnliches ins Angebot. Auch wurde die Zahl derer, die neu mit dem Schnapsbrennen begannen, immer größer, wodurch die Destillerien vom alten Stil deutlich in den Hintergrund gedrängt wurden.

Mir war das Erreichen höchster Qualität stets ein ernstes Anliegen, was mir Dank des neuen Profigerätes immer besser gelang. Um das Gerät unterzubringen, musste ich einige Umbauten am Haus vornehmen, wobei spezielle Bauvorschriften beachtet werden mussten. Ich entschied mich für ein einfaches Gerät, da mein Zubau zu wenig Platz für die Zuschaltung einer Verstärkeranlage bot. Die Diskussion ergibt oft die Frage, ob nicht das Zweimalbrennen die besseren Edelbrände zur Folge hat, daher stört es mich nicht, keinen Verstärker zu haben. Meine bisherigen großartigen Erfolge gaben mir Recht.

So gelang es mir, 14mal den Titel „Landessieger“ und mehr als 150 Goldmedaillen zu erringen sowie das „Goldene Stamperl“ in Wieselburg für den besten Beerenbrand. Ganz besonders stolz bin ich über das Abschneiden meiner „Felsenbirne“, die seit dem Jahre 2000 jedes Jahr regelmäßig eingereicht, bisher 17mal Gold erreicht hat sowie dreimal zum Landessieger gekürt wurde und damit als der höchstprämierte Edelbrand des Burgenlandes bezeichnet werden kann. Dabei handelt es sich nicht um eine „Birne“. Die Früchte sind kleine Dolden, mit Früchten kaum 1 cm groß, von einem Gartenzierstrauch. Die Ernte ist dementsprechend äußerst mühsam und die Vögel sind außerdem eine große Konkurrenz. Ich bin einer der ganz Wenigen, die sich noch die Mühe damit machen. Das Produkt weist einen außergewöhnlich intensiven Marzipangeschmack auf und stellt insgesamt ein großartiges Geschmackserlebnis dar.

Nach 10 Jahren stieg auf einmal der Wasserbedarf beim Wasserbad des Kessels stark an. Ich musste feststellen, dass der Boden ziemlich durchgeheizt war. Ich sprach mit der Erzeugerfirma und die einzige Möglichkeit war, das Gerät auszubauen und nach Deutschland zu bringen. Ich habe daraufhin das Gerät aus dem Brennraum geschafft und auf meinen PKW-Anhänger verfrachtet. Ein guter Bekannter hat mich begleitet und wir sind bei starkem Schneewetter im Feber in Richtung Stuttgart aufgebrochen, wo wir in den Abendstunden ankamen. Die Reparatur dauerte mehrere Tage, da ich mir noch ein Rührwerk und ein Schauglas einbauen ließ. Als alles zur Zufriedenheit erledigt war, ging es wieder heimwärts, der Boden wurde verstärkt und ab nun sollte so ein Vorfall nicht mehr passieren.

Heute ist meine Sturm- und Drangzeit altersbedingt allerdings vorbei. Ich mache nur mehr das, was mir Spaß macht. Die Freude, ein gutes Produkt zu brennen, ist jedoch noch vorhanden. Derzeit habe ich noch an die 50 Edelbrände, Großteiles mit 40 Vol% Alkohol im Angebot sowie 20 Edelliköre, die ohne Kristallzucker gesüßt werden und etwa 20 Vol% aufweisen.

Dass ich noch nicht zum „Alten Eisen“ zähle, beweisen die regelmäßig jedes Jahr neu erzielten Goldmedaillen. Meine Edelbrände präsentieren sich auffallend mild und fruchtbetont mit einem Alkoholgehalt von 40 Vol% in Flaschen von 0,2 bis 0,7 l . Ich kann mit Überzeugung sagen, dass man bei mir keinen „scharfen“ Schnaps finden wird.

Die Liköre sind alle durch Fruchtansatz entstanden mit selbsterzeugtem Neutralbrand. Der mit 40 bis 80 Vol% Alkohol je nach Flüssigkeitsanteil der Früchte angesetzt wird. Die Liköre sind kristallzuckerfrei, denn gesüßt wird nur mit Honig, Agavensirup und Birkenzucker je nach Bedarf. Großer Wert wird bei der Aus-wahl der Früchte auf das Vorhandensein von wertvollen Inhaltsstoffen gelegt. Die Liköre werden nicht filtriert. Man lässt sie absetzen und daher präsentieren sie sich teilweise naturtrüb.

Ein kleiner Auszug – Besonders aktuell – Edelbrände mit GESCHICHTE

Jubiläumsweinbrand

1994 bekam ich zu meinem 60sten Geburtstag anlässlich meiner Pensionierung ein 400-Liter-Holzfass von den Illmitzer Weinbauern geschenkt. Dieses Fass befüllte ich ziemlich bald mit einem guten, hochprozentigen Weinbrand und ließ es bis zum Jahr 2023 liegen. Der 30-jährige Weinbrand erreichte inzwischen nicht nur meiner Meinung nach eine großartige Reife und so stellte ich den Edelbrand auf Trinkstärke ein und machte ihn verkaufsfertig flaschenfähig.

Felsenbirne

Dies ist einer der seltensten Edelbrände in der gehobenen Qualitätskategorie überhaupt. Er zeichnet sich durch einen intensiven Marzipangeschmack aus und hat durch die geringe Größe der Früchte einen übergroßen Ernteaufwand aufzuweisen. Es ist nämlich kein Birnbaum, sondern ein Zierstrauch im Garten mit kleinen Dolden von kaum 1 cm großen Früchten. Noch bin ich mit Begeisterung für die Ernte ausreichend motiviert.

Weingarten-Pfirsich

Diese gilt heute als echte Rarität, da die Bäume problematisch zu ziehen sind und ihr Bestand zusehends schwindet. Außerdem lässt die Erntesicherheit durch frostbedingtes Verrieseln oft zu wünschen übrig. Dieses Produkt hat ein intensives Pfirsicharoma, was erst durch langjährige Behandlungsmethoden erarbeitet werden konnte.

Muskattrauben

Dies ist ein sehr duftiger Edelbrand, entstanden durch ein Cuvèe aus den Sorten Muskat Ottonel, Gelber Muskateller, Irsay Oliver und Muskato sowie einem kleinen Anteil Gewürztraminer.

Weintrester – ähnlich dem Grappa

Dieses Produkt entstand in den letzten Jahren des vorigen Jahrhunderts, vorwiegend aus Prädikatstrauben (bis Beerenauslese) und wurde fast 20 Jahre im Holzfass gelagert. Durch die Herkunft des Ausgangsmaterials weist der Edelbrand eine besonders feine Geschmacksnote auf.

Feigengeist und Feigenlikör

Diese Produkte entstanden aus Früchten im eigenen Gartens durch Ansatz mit selbsterzeugtem Neutralalkohol. Zuerst wurde der Likör abgezogen und anschließend aus dem Rest der Edelbrand abdestilliert. Der Brand hat eine feine Aroma-Note, typisch Feige.

Der Feigen-Likör ist sehr vollmundig, natürlich, naturtrüb, mit einem hohen, fruchteigenen Zuckergehalt, sodass nur ganz wenig mit Honig nachgebessert werden musste.

Apfel 2000

Das Grundprodukt stammt aus dem Jahre 2000 und hatte über 10 Jahre Gelegenheit, in einem Holzfass zu reifen. Der Edelbrand präsentiert sich mit einem mittleren Holzfarbton goldfarben und ist geschmacklich ähnlich dem französischen Calvados.

Aronia-Edelbrand und Aronia-Likör

Die Aronia ist ein echter Gesundheitsstrauch mit einem hohen Anteil an Antioxidantien, Vitaminen, Mineral- und Vitalstoffen der Früchte. Diese bestehen aus mittelgroßen Dolden, an denen kleine schwarze Beeren hängen und etwa im August reifen.

Der Edelbrand hat ein sehr intensives Aroma und wurde 2021 in Wieselburg mit dem „Goldenen Stamperl“ ausgezeichnet als Bestes Produkt seiner Kategorie.

Der Likör hat eine kleine Ergänzung mit schwarzen Johannisbeeren erhalten und gilt als echter Gesundheitslikör, da die wertvollen Inhaltsstoffe der Frucht größtenteils erhalten geblieben sind.

Gewürztraminer Edelbrand

Dieses Produkt wurde aus einem Wein der Sorte Gewürztraminer gebrannt und weist die typischen Aromen davon auf. Der Edelbrand präsentiert sich geschmacksintensiv und wurde bei mehreren Beurteilungen mit GOLD ausgezeichnet.

Mirabelle Edelbrand und Mirabellen-Likör
Dieser Edelbrand wurde vorwiegend aus Früchten von Wildformen erzeugt, er hat eine etwas griffige Geschmacksnote mit einem starken Sortenaroma.

Der Mirabellen-Likör stammt aus Früchten von einem kleinen Strauch aus der Wienerstraße nahe Kleinhöflein mit gelbfleischigen Früchten, die mit einer hellroten Außenhaut umhüllt waren. Er weist eine auffällig griffige Säure auf.

Himbeere und Himbeerlikör
Dieser Edelbrand zählt zu den Produkten der Sonderklasse und präsentiert sich mit einem ausgeprägten Aroma von Himbeeren. Die Sorte wird es bald nicht mehr geben, da der Anbau bei mir eingekürzt wurde.

Der Himbeer-Likör stammt von einem Ansatz der Früchte mit eigenem Neutralalkohol und weist geschmacklich die typischen Merkmale der Himbeere auf.

Nuss-Kräuter- LIKÖR
Dies ist ein typischer Burgenländischer Klassiker, wie er in vielen Haushalten jährlich produziert wird. Die grünen Nüsse werden traditionell Ende Juni geerntet, anschließend zerkleinert und unter Zusatz von vielen Magenkräutern mit eigenem Neutralalkohol etwa 1 Jahr lang angesetzt. Mein Produkt präsentiert sich sehr würzig, betont herb, tief dunkelbraun, eben ein echter Magen- und Verdauungshelfer.

Nebenbei war ich schon immer sehr naturverbunden und habe mich speziell mit Heilkräutern beschäftigt. So wurde bei mir das Interesse der Wirksamkeit in diesem Fach stark geweckt. Ich habe viele Bücher darüber „konsumiert“ und die Wirksamkeit, Beschaffenheit und für welche Leiden geeignet studiert sowie deren Anwendung ausgeforscht.

Aus diesen Kräutern habe ich dann Tinkturen gemacht und jeweils mehrere Kräuter zielgerichtet für das jeweilige Leiden zusammengestellt. Der Alkoholgehalt liegt etwa bei 20 Vol%. Die Wirksamkeit habe ich selber ausprobiert und mich dabei von etlichen lästigen Dingen befreien können, was mir auch von anderen bestätigt wurde. So sind eine ganze Reihe von wirksamen Tinkturen, wirksam auf völlig natürlicher Basis, entstanden: Da viele Menschen auf künstlich entstandene Medikamente oft stark empfindlich negative Reaktionen aufweisen, wären diese Produkte eine echte Alternative.

Gegen HERPES-Beschwerden	HERP-LZ
Gegen Husten und Halsverschleimung	HALSOHUST
Für die Gesundheit von Magen und Darm	MAGEN-HEIL
Zum Desinfizieren und Heilen von Wunden	AB-ZIST
Gegen Hämorrhoiden-Beschwerden	HÄMO-N-
Für die Verhinderung der Zahnsteinbildung	KS-ZAHN
Zur Beihilfe bei der Raucherentwöhnung	ANTI-RAUCH

Zitate-Verzeichnis

Alle Zitate sind Auszüge aus:

DER WEINSKANDAL von Walter Brüders, Verlag Denkmayr Linz, 1999

ISBN, 3901838457, 9783901838453

<u>Sie sind auf folgenden Seiten zu finden:</u>

Seite 30-31
Seite 59-61
Seite 63-64
Seite 96-98
Seite 114-115

Bilderverzeichnis

Die Bilder 1-11 und 14-23 stammen aus der privaten Fotosammlung von Ing. Heinz Stainer

Bild 12 Kozenn Atlas (ISBN-10: 3-85116-138-6)

Bild 13 stammt von der Homepage vinum.eu